中小学性健康
教育教学模式
研究丛书

性健康教育研究
与体验式教学

小学卷

北 京 性 健 康 教 育 研 究 会 ◎主编
北京市中小学性健康教育模式研究课题组

知识产权出版社
全国百佳图书出版单位

本书获北京市教委"北京市中小学健康教育分学段应用与实践"项目资助

项目代码：PXM 2013－014203－07－000074

图书在版编目（CIP）数据

性健康教育研究与体验式教学．小学卷/北京性健康教育研究会，北京市
中小学性健康教育模式研究课题组主编．—北京：知识产权出版社，2015.1

（中小学性健康教育教学模式研究丛书/张玫玫主编）

ISBN 978－7－5130－3248－3

Ⅰ．①性… Ⅱ．①北…②北… Ⅲ．①性教育—教学研究—小学 Ⅳ．①G479

中国版本图书馆 CIP 数据核字（2014）第 295990 号

内容提要

本书收录了北京市小学性健康教育模式研究的阶段成果，结合当前学生实际和社会文化发展方向，更新教师教育理念，集中研究学生成长过程中的热点和难点问题，特别聚焦在社会性别、异性亲密关系、性的审美和性的保护四个方面，借助于从课堂教学到心理辅导、从班会到课余活动、从学校管理到家庭教育等多方位的性教育途径，以及体验式、参与式、角色扮演式、同伴教育式等教育方法得以实现，分享了一线教师的教学经验。

本书对教师开展性健康教育具有一定的指导作用，可供小学教师及相关研究者参考使用。

责任编辑：张　冰　　　　　　　　**责任校对：谷　洋**

封面设计：张　冀　　　　　　　　**责任出版：孙婷婷**

中小学性健康教育教学模式研究丛书

性健康教育研究与体验式教学·小学卷

北京性健康教育研究会　北京市中小学性健康教育模式研究课题组　主编

出版发行：知识产权出版社有限责任公司	网　　址：http：//www.ipph.cn
社　　址：北京市海淀区马甸南村 1 号	邮　　编：100088
责编电话：010－82000860 转 8024	责编邮箱：zhangbing@cnipr.com
发行电话：010－82000860 转 8101/8102	发行传真：010－82000893/82005070/82000270
印　　刷：北京中献拓方科技发展有限公司	经　　销：各大网上书店、新华书店及相关专业书店
开　　本：787mm×1092mm　1/16	印　　张：14
版　　次：2015 年 1 月第 1 版	印　　次：2015 年 1 月第 1 次印刷
字　　数：244 千字	定　　价：59.00 元

ISBN 978-7-5130-3248-3

丛 书 序

　　本套丛书为北京性健康教育研究会接受北京市教委委托，开展的北京市中小学性健康教育模式研究的阶段成果，收录了北京市 20 余所小学、30 余所中学在近两年实践研究中，取得很好教育效果的案例、课件和论文。

　　关于中小学是否应该开展性健康教育，在近些年的争论和现实的需求中，社会、家长和教育工作者已达成共识——亟须开展！而性健康教育如何适应学生的需要，怎样把握好教育的尺度是全社会关心的焦点。本课题研究是根据生理、心理、社会学等自然和社会科学理论，参考国际发达和发展中国家性教育经验，提出了在小学三学段、中学两学段，开展生理、心理、社会、审美和保护五个方面的性健康教育的原则和内容，借助于从课堂教学到心理辅导、从班会到课余活动、从学校管理到家庭教育等多方位的性教育途径，以及体验式、参与式、角色扮演式、同伴教育式等教育方法得以实现。

　　关于北京市中小学性健康教育模式的研究，从开始的分五学段五方面的实践研究，到结合当前学生实际和社会文化发展，集中研究学生成长过程中的热点和难点问题研究，特别聚焦在四个方面，即社会性别、异性亲密关系、性的审美和性的保护。教育途径虽然仍主要是专题性教育课、文化渗透课、班会、心理活动、咨询等形式，但深度和广度都有了很大发展。深度不限于解决当前问题，而是着眼对现实社会的判断、选择和未来时代变化的适应；广度则利用校内外教育资源和跨界研究力量综合开展教育活动。更重要的是，教师的教育理念有了较大提升，与国际性教育有了更深入的融合，能够结合国情借它山之石提高我国的教育水平，更适合我国学生的需要。

　　本套丛书收录的案例和教案是教师们多次上课反复实践的结晶，内容涉及课题研究的四个热点和五个方面，形式以班会、心理活动为主，还包括文化渗透课，通过学生亲自参与、体验，达成了预期的教学效果。收录的论文是课题校近两年专题研究的成果。

　　各校老师们在繁忙的教学与管理工作之余，总结撰写了教案和论文，难免有不足之处，敬请同行及专家批评指正，并欢迎交流商讨。

　　希望本套丛书能够成为推动全国学校性教育开展的抛砖引玉之物。

编者

2014 年 11 月

目　录

性健康教育课程研究

交往与自我保护

性健康教育课程研究

小学性教育活动课研究

北京市定福庄第二小学　田孝贤

一、研究的背景

本课题是主要针对小学一至六年级学生开展的青春前期及青春期性教育活动课的研究。

开展性教育活动课的研究，是因为在疏导学生心理问题中，发现学生的一些心理问题是由于他们生长过程中遇到的烦恼引起的。例如，低年级的孩子会问："我是从哪儿来的?""肚脐眼儿是干什么用的?"。高年级学生会悄悄地问："和男孩子拉拉手、坐男孩子坐过的椅子、男孩和女孩接吻就会怀孕吗?""别人个子长得挺快、挺高的。我为什么不长个呢?"女孩还会因为痛经及乳房发育而烦恼。据我们调查，我校个别女孩子 8 岁已有月经初潮，男孩 11、12 岁已有遗精等现象，还有一些学生互相传条，学生说是写情书，有些男孩为向女生献殷勤而发生冲突，还有个别学生看黄色网站等，而大多数学生对家长绝对不提此事，怕家长说，或是觉得他们不懂，跟他们没话说，而我们的家长跟自己的孩子没有这方面的沟通，不了解自己的孩子，在他们的眼里自己的孩子是很天真、很纯洁的，他们认为孩子对这方面的事情一无所知。

本课题的目的就是通过性教育活动课解决学生的困惑与烦恼，把不能说的秘密用科学的方法给予解答，在不同年级讲授不同课程。通过学校的正面教育帮助孩子们知性懂爱，顺利迎接雨季的到来。

二、研究的意义

(一) 国内外研究现状

通过查阅网络、文献、书籍等相关资料了解到美国等 5 个国家在性教育方面开展的较早，而且都有了较为完善的教育体系以及教育读本。例如，美国从小学一年级起就开始传授生育、两性差异、性道德等知识，初中阶段讲生育过程、性成熟、性约束等，高中阶段讲婚姻、家庭、性魅力、同性恋、性病、卖淫现象、性变态等，并向学生发放避孕套。最近10年里，全美有1/3的学校增加了禁欲教育，提倡将性行为推迟到婚后，并告诉学生实行安全性行为的做法。现在全美14个城市的32所公立学校中都建有性咨询室，回答咨询的也是孩子，其内容对老师和父母都保密。英国法律规定，必须对5岁的儿童开始进行强制性性教育。根据"国家必修课程"的具体规定，英国所有公立中小学都将学生按不同年龄层次划分为4个阶段来进行不同内容的性教育。目前，英国还流行"同伴教育"，即利用朋友间的影响力，通过发展青少年的自我教育和自助群体，抵御来自社会的消极影响。瑞典的性教育亦称"避孕教育"，是世界性教育的典范。瑞典从1942年开始对7岁以上的少年儿童进行教育，教师采用启发式、参与式和游戏式的教学方法，在小学传授妊娠与生育知识，中学讲授生理与身体机能知识，大学则把重点放在恋爱、避孕与人际关系处理上。1966年，瑞典又通过电视节目实施性教育，打破了家长难以启齿谈性的局面。日本文部科学省出版的小学第一册《卫生》教科书封面，就有女性和男性的性器官图。日本初中、高中还会设立由专家学者成立的"协助者协会"，负责向学生提供各种性咨询、性教育，并编写性教育指导手册。2004年，新加坡教育部制定了一个系统的性教育方案，并为中学低年级学生设计了一套多媒体性教育教材《成长岁月系列》，随后又推出3个《成长岁月系列》教材，分别适用于小学高年级、中学高年级和中学以上的学生。

（二）国内性健康教育研究现状以及存在的问题

性健康教育是一门前沿学科，而我国的民族特点决定了这一门学科的发展需要一个漫长而艰难的过程，社会的认可、家长的认同、学校的接纳以及教师的授课水平都将影响性健康教育的研究和发展。因此，如何建立适合我国特点的小学性健康教育体系是目前学校心理健康教育工作中亟待研究解决的课题之一。我国性健康教育读本以往都是以教科书的形式出现的，过于呆板、生硬，学生不爱看。2010年针对这一情况，通过跟初、高中生座谈，采用他们喜欢的方式，用他们的口吻，以真人真事进行讲述出版了系列丛书《最美的花季——高中生青春故事》《成长的烦恼——初中生校园故事》，两本系列丛书的推出让高中、初中教师有本可依，更加贴近学生心理和生活，对孩子们现实遇到的问题有针对性地答疑解惑。市计生委还将推出针对小学生的性健康教育读本。读本的出台无疑是为学校指明方向，但读本是否适合本校学生特点，是否适合本校教师使用等有待考察，而且读本如何有效使用，让读本发挥最大功效成为学校的又一课题。

三、研究目标

青春期是一个人成长的最重要、最关键的阶段。青春期教育对青少年的成长有着重要的指导作用。

（一）学生渴望得到性知识

一方面，青少年可以通过电视、网络等渠道获取性信息。他们并不缺性信息，但缺乏正确的性知识；另一方面，受中国传统文化的影响，一些"偷吃禁果"的青少年思想观念又无法适应其超前的行为，他们并没有从中感到幸福、快乐，相反会陷入深深的自责和痛苦中。学校必须利用合适的时机对他们进行性教育，孩子越小，他获得的知识会越纯粹。

（二）系统的性教育势在必行

当一个幼儿的双腿能够支撑住自己身体的重量时，他就开始学习走路和奔跑；当一个儿童智力发展到能够学习文化时，他就会背上书包，迈入学校，开始学习科学文化知识。同样的道理，当一个青少年进入性发育阶段，性生理器官开始发育时，这个青少年就需要接受青春期的性教育，这是一个人能够很好地融入社会的必然需要，否则，这个人就很难是一个文明的人，健康的人。所以，几乎是全世界所有的学校，当学生进入青春发育期间，都会以某种方式，为学生提供青春期性健康教育。

我校通过"小学性教育活动课"校本课程的开发，提前对儿童进行适度、适量、适时的性教育，及时疏导学生的心理困惑，解决他们成长中将要遇到的烦恼，从性的角度提高学生对自然、社会和自我的整体认识，发展学生的社会责任感以及良好的个性品质，走好健康人生的关键一步。

四、研究的主要内容

通过以撰写教案集及创编校本教材为切入点，让教师在教育教学过程中有本可依。

（一）校本课程包含的内容

校本课程包含以下内容：

（1）性生理及卫生知识：认识人体基本部位并掌握各部位名称，了解生物繁衍的初步知识。

（2）性心理健康知识与技能：了解适当地表达自己情绪的方法；认同性别角色，初步学习表达意愿与家人和谐相处的方法，初步理解爱的基本含义。

（3）社会性道德原则和行为规范：了解隐私，理解人对隐私的需求，建立尊重他人的意识；了解性侵害；树立同学之间互相帮助与合作的意识，培养合作能力。

（4）自我保护能力：初步了解身体的隐私部位；初步掌握单独与人交往时性的自我保护技巧。

（5）树立正确的性价值观和性态度：认识性器官是个人隐私，需要保护和尊重；学习对喜爱异性合理的表达方式以及面对异性喜爱的回馈方式；掌握对社会媒体性信息的初步鉴别标准，建立在教师及家长帮助下拒绝不良性信息的自控能力。

（6）了解成长阶段性心理特点和自我调试方法：悦纳自己身体和心理的变化；了解男孩、女孩两性的心理差异，加强男孩、女孩之间的理解、沟通、合作与互助的意识；了解情绪对人体健康的影响，初步掌握调节和控制自己情绪的方法；初步掌握化解与朋友、教师、父母矛盾的方法。

（7）树立符合年龄特点的性审美观：理解性别美的内涵；懂得欣赏和塑造身体健康美、性别美；能够选择适合自己年龄特征、性别特征的服饰；保持心灵美与形体美的统一。

（8）艾滋病及预防：初步了解艾滋病的传播途径和预防方法；培养预防艾滋病意识；懂得关爱和尊重艾滋病患者。

（二）性健康教育读本设立的课程

根据以上性教育内容，我校性健康教育读本将设立 10 课。

低年级包括三课：①小孩是从哪儿来的（解决孩子的困惑）；②性别角色的认识；③自我保护。

中年级包括五课：①青春期的变化；②青春少女；③小小男子汉；④学习与父母沟通的技巧；⑤我是健康小网民。

高年级包括两课：①异性如何交往；②预防艾滋病。

通过我们的研究帮助学生建立了健康的人格和心理，培养学生对性的尊重，通过研究让学生知性懂爱。我们将根据学生生理、心理发展特点和规律，适时、适度地向学生提供符合其认识水平的、科学的、完整与全面的性健康教育；使受教育者摆脱性无知，建立科学的性观念，能够科学地认识性，避免受到不良的性信息的影响，在促进学生身心全面和谐发展的同时，为适应以后的人生阶段奠定良好的基础。

五、研究的方法及措施

领导小组成员一起学习领会《北京市中小学性健康教育大纲（讨论稿）》的内容精神。通过学习，我们了解到应从性的角度提高学生对自然、社会和自我内在联系的整体认识，发展学生的社会责任感以及良好的个性品质，走好健康人生的关键一步。

（1）文献法：主要对已有的研究进行检索，如前所述，对中国期刊网的多个数据库进行检索，并将其归纳和梳理，为我们的研究奠定了良好的基础。

（2）调查法：通过问卷调查，了解学生对性健康知识的了解程度、来源等现状。

（3）分析法：对调查问卷进行科学、细致的分析，为确定性健康教育与学科教学内容的有效结合提供依据。

（4）行动研究法：在各年级进行课堂授课实验，授课过程中随时了解学生的反映，对教学方法作出及时的调整和修改，探讨最适合的学科渗透性健康教育模式。

（5）个案研究法：在研究过程中对个别学生进行互动答疑、解惑，帮助他们解决实际困惑。

（6）经验总结法：用于研究报告、论文、优秀案例的撰写。

在研究过程中应遵循科学性原则（中小学性健康教育要求教育者能够注重学生性生理发育、性心理发育的客观规律和特点，在调查、分析的基础上进行性教育，使性健康教育在面向全体学生的基础上关注个体差异，体现教育的客观性原则）、综合性原则（中小学性健康教育是面向全体学生做人的教育，中小学性健康教育的内容选择上应根据学生成长和适应社会变化需要，从性健康教育的角度体现知识、能力、情感、态度、道德与价值观的综合素质教育）、发展性原则（中小学生性生理发育时间普遍提前；伴随社会发展，性角色的行为规范也在变化，这些变化对儿童性心理的形成都有一定程度的影响；中小学生会在生理和心理等方面产生新的性问题。教育者的教育内容和方式要随着上述变化而有所变化，要用发展的观点去看待小学生的性教育）、尊重性原则（尊重性原则是要求教育者在对学生进行教育时，一定要尊重学生的人格，通过建立信任，来对中小学生进行性健康教育。在教育的过程中教育者要注意提高学生的自我效能，使学生做到自我要求、自我反思、自我调节）、整合性原则（中小学性健康教育的整合性体现在两个方面，其一是学校教育的整合性，其二是学校、家庭、社会教育的整合性）。

学校性健康教育要与学校健康教育、安全教育、心理健康教育、德育教育以及一些学科教学有机结合，要将课堂内教学与课堂外教育活动相结合，发挥学校整合教育性。学校性健康教育还要注意与家庭教育结合，重视对社会教育资源的开发和利用。

六、研究的主要过程

第一阶段：成立课题组。

学校领导充分认识到，当今时代培养学生健全的心理素质，塑造良好的人格对人一生的发展至关重要，因此校领导把心理健康教育作为学校的一项重要工作，构建了学校心理健康教育工作系统。

（1）宗旨：为人的终身发展和美好人生奠基。

（2）目标：提高学生心理素质，增强社会实践能力，健全人格，发挥潜力。

（3）原则：①全面性，针对全校学生、教师、家长；②整体性，和全校其他工作形成一体；③系统性，教育层次清楚，重点突出；④主体性，发挥学生主体性，自主管理，发挥个性。

（4）组织机构：校长（组长）、德育主任、少先队辅导员、班主任（组员）。

（5）负责部门：德育处。

（6）小学生性心理健康教育的研究小组名单：田孝贤、王忠辉、李莉、唐峥、全铭等 10 位教师。

第二阶段：对课题组成员进行相关培训。

第三阶段：确立各课题组成员研究的分目标。

第四阶段：梳理性心理活动课基本框架。

第五阶段：专家与成员一起共同编撰校本教材。

第六阶段：校本教材最终确立阶段。

七、研究的结果及分析

（一）帮助学生建立了健康的人格和心理

学生对性的正确认识首先要基于拥有良好的健康的心理。教师要尊重他们的人格，培养他们的独立性。给予他们独立思考的空间，要利用青少年接受能力强而缺乏选择能力的心理特点，多对他们进行正面教育，多鼓励，少处罚，对他们的不正当行为，要以耐心坚定的态度加以疏导与纠正。教师要注重培养学生正确的品行和世界观、人生观、价值观，从而使学生健康成长。

（二）培养了学生对性的尊重

在面对学生提出的有关性知识的问题时，教师不应该避而不谈或敷衍了之，这只会增加他们对性的好奇，甚至会认为性是不正确的、不健康的事情，从而使学生性心理发生扭曲。当学生已经到了对性感兴趣的年龄，教师应该采取大方的、自然的态度，用科学的方法，让学生确实了解性知识，尤其是对自身性特征的了解，了解自己生殖器的构造，以及身体部位的生理功能。当学生发现身边的人对性的态度是落落大方时，就有了良好的榜样。教师应该用科学的知识、正确的态度引导学生对性持以尊重的态度。

（三）通过研究让学生知性懂爱

学校根据学生生理、心理发展特点和规律，适时、适度地向学生提供符合其认识水平的、科学的、完整与全面的性健康教育；使受教育者摆脱性无知，建立科学的性观念，能够科学地认识性，避免不良的性信息的影响，在促进学生身心全面和谐发展的同时，为适应以后的人生阶段奠定良好的基础。

（四）形成我校校本教程

学校《成长的脚步》校本教材已基本完成，目前正在进行有争议部分的修改。

八、结论

通过有计划地开展性健康教育，从性德育、性智育、性体育和性美育几方面对中小学生进行性生理知识、性心理知识、性态度、性价值观、人际交往能力、品格塑造以及责任教育。从性的角度提高学生对自然、社会和自我之内在联系的整体认识，发展学生的社会责任感以及良好的个性品质，走好健康人生的关键一步。

参考文献

［1］闵乐夫. 青春期性教育教师使用手册. 重庆：西南师范大学出版社，2006.

［2］张玫玫，等. 性伦理学. 北京：首都师范大学出版社，1998.

小学性教育内容与学科课程
整合实践研究的常规性与实效性

北京市西城区香厂路小学　赵虹

一、研究的背景

现代物质文明的进步、精神文化生活的丰富、大众媒体和网络的普及使我们的学生进入青春期后处于前人所未曾经历过的生活环境，面临着前人不曾遇到的困难和问题。如今学生性成熟年龄提前，而受传统文化影响，无论在学校还是在家庭公开、坦诚地向孩子传授性知识仍存在诸多障碍，社会上的丑恶现象的泛滥，传播媒体和网络上的淫秽之作的扩散，以及伪劣的性意识，像细菌一样在迅速传播，使学校开展青春期性健康教育已成为义不容辞的职责，并且变得相当迫切。对青少年进行青春期性健康教育，这是以人为本教育价值观的体现，是人文关怀的载体，是一件关系到人一生生活质量的切身大事，是教育部门义不容辞的责任。在全面推进素质教育的今天，开展青春期性健康教育是实施素质教育的重要途径，学校青春期性健康教育与素质教育均是以"全面贯彻党的教育方针，以提高国民素质为根本宗旨"，以造就"有理想，有道德，有文化，有纪律"的德、智、体、美等全面发展的社会主义建设者和接班人为目的，学校青春期性健康教育通过对学生传授性科学知识，进行性保健教育，提倡性健康，弘扬性文明，培养学生健全的人格，促进素质教育。1988 年 8 月，国家教委和计生委联合发出了《关于在中学开展青春期教育的通知》。1996 年、1998 年又发出了《关于开展和加强青春期教育的通知》，明确要求学校开展青春期性健康教育。

二、研究的意义

在我国，开展青春期教育的对象以中学生为主，但随着社会的进步和发展，人民物质生活水平的不断提高，孩子们青春期发育逐渐呈现出提前的趋势，从青少年性生理发育特点看，小学高年级的学生（年龄一般为 10～12 岁）已经出现第二性征，并开始进入青春期性发育时期。调查结果让我们认识到：小学高年级学生正处于青春发育期，身体发育逐渐成熟，身心健康亦在发生显著变化，多数学生在性与生殖健康知识的掌握上处于真空状态，充满了好奇与兴趣，这是非常好的教育时机，及时开展青春健康教育，可以使学生们首先获得正确的性知识并建立健康的性观念。它进一步证实，在小学高年级开展青春期健康教育是必要的，具有重要的现实意义。这既是学生们的迫切需要，也是时代发展的需要，更是人们观念更新和社会文明程度提高的表现。因此，抓住时机，对小学生进行适时、适度、适量的性健康教育，以确保青少年性心理与性生理发育的同步，帮助他们顺利地度过青春期是我们教育者的任务。

三、研究的理论依据

针对 6～7 岁年龄段的学生，第一个内容主要是帮助孩子了解男孩与女孩身体的不同，懂得生殖器的卫生与健康和如何保护生殖器，认识和保护身体的隐私部位，学习尊重他人身体。第二个内容是"我从哪里来"，了解生命孕育的过程，让孩子懂得自己是爸爸妈妈相爱结出的果实，懂得热爱自己的父母，懂得自己的生命来之不易。

8～9 岁年龄段的学生要知道"预防性伤害"，引导孩子们认识保护身体隐私的重要性，教会孩子区分什么是与他人身体好的接触和不好的接触，教会孩子保护自己，避免性伤害。

10～11 岁年龄段的学生要学习如何接纳自己身体在青春期发生的变化，让孩子懂得青春期生理的变化，引导孩子以阳光的心态迎接自己的青春期。

12～13 岁年龄段的学生跨越了小学六年级和初中一年级，处在"早恋与早练"青春期的学生会对异性感兴趣，应该让学生正确理解自己这个时期的心理活动，学习控制自己的情感冲动。

四、研究的目标

小学生需要怎样的性健康教育？性健康教育的内容要根据孩子的年龄来进

行。年龄不同，学生的性困惑不同，帮助学生的方式和内容也就应该不同，这是对小学生进行性健康教育的原则之一，这样的原则体现了性健康教育"度"的把握。性健康教育"度"的把握实际就是一个什么年龄讲什么内容的问题，更重要的是如何将性知识与人文相结合的问题。

五、研究的主要内容

研究对象是小学二、四、六年级的实验班学生，既注重面向全体学生群体普及教育，又针对个别案例的咨询辅导。由各班班主任通过家访、学生座谈、问卷等形式进行摸底调查，深入了解学生性健康生理、心理发育情况及存在的问题，并对调查情况进行综合分析，确立重点对象。

六、研究的方法

把性健康教育真正纳入学校的课堂教学，是一个新生事物。有计划、有目的地开展性健康教育，通过课堂主渠道、板报、专栏、讲座等形式，全方位开展宣传教育活动，为学校各项工作健康地开展发挥了良好的作用。宣武区计生委、青春健康教育中心和教委小教科联合开展的课题研究非常必要，通过课题校的师生共同参与，为小学心理及性健康教育开辟一条新路。香厂路小学有幸参加了这项课题研究。这项工作开展之初，我们都没有相关的工作经验，在第一次开完课题会回到学校后，此项工作得到了校长、德育主任的大力支持，校长亲自和我一起上网查找资料，修改课题实施方案，为我今后的工作树立了信心。随后，通过问卷调查、个别咨询等方法，我们了解到有 90% 的学生对"青春期性问题"感到困惑，渴望得到科学、健康的性知识。因此，在此后的工作中，我们开始了教学实践，并且充分挖掘学校的资源，发挥学习心理研究生教师的专长以及学校的小班化优势，多种渠道探索心理及性健康教育方法，针对不同年龄层次的实际情况，在教学内容上，我们充实了注重对学生性心理、性道德、性保护的全面教育，并且针对不同年龄层次各有侧重。对小学生，以健康生活知识、生理健康知识等为主要内容，力求让孩子们通过这些内容了解自身的生活习惯；我们摆脱了过去那种单一的教学模式，积极探索有学校特色的青春期性健康教育途径，本着适时、适宜、适度的原则，力争把知识性、趣味性、情感性融于一体。

七、研究的主要过程

一年来，我们制定相应的教育内容与教育策略，把学生心理健康教育纳入到学校日常教育活动当中，利用多途径、多方法，提倡形式与内容相结合，课内与课外相结合，咨询与服务相结合，普遍性与个别针对性相结合，学校、教师的科学引导和学生们的主动参与相结合，讲实效、讲特色，逐步摸索出具有特色的心理健康教育之路，保证了青春期性健康教育活动深入持久地开展。

（1）成立了课题小组，制定了研究方案，并明确了目标、做法与步骤。

（2）召开了课题小组会议，最大限度地争取实验班教师的理解、支持与配合，全体教师积极参与，情绪高涨。

（3）对实验班的学生进行了前测，调查结果是令人惊讶的：几乎所有学生都严重缺乏性常识或对性知识一知半解，更不懂得如何保护自己。这无疑让我们深刻认识到：对小学生进行适时、适度和适量的性健康教育是十分迫切和有必要的。

（4）组织家长参加课题组织的培训，会后进行了访谈，绝大部分的家长都认为在小学阶段开展适时、适量的性健康教育是有必要的。这无疑给了我们最大的勇气与力量。

（5）开始了初步实验研究工作。

1）开展宣传工作，使实验班学生逐步认识、认可、接受、应用性健康教育。

2）所有课题组成员集中学习有关理论和操作方法；学习有关教育学、心理学、性与健康教育等理论知识；了解国内外性健康教育的现状。

3）开展参与式课堂教学：积极查找资料，集体备课，开展课堂教学实践研究，并充分发挥多媒体的作用，为学生创造了一个危险性小、无威胁的轻松愉快的学习环境。

4）两位实验教师分别上了公开课，课后还进行了集体评课，以保证研究质量。

5）组织实验教师到其他实验校听课，借鉴经验。

6）认真完成活动案例的撰写。

八、研究的结果与分析

性健康教育的开展无疑是一场"及时雨","滋润"了学生的心田。一方面，孩子的性知识水平基本处于"空白"状态，对一些如初潮、遗精等正常的生理现象等不了解，继而产生恐惧、自卑、自责等心理，这极不利于孩子的健康成长；另一方面，孩子对性知识的渴望是热切的，但他们对性知识的追求又胆怯而神秘，他们很难从教师或家长那里获得系统、科学的性知识，他们只有通过同伴、报刊、网络或色情录像来填补性知识的"空白"。性健康教育还处于"家长羞于说、教师挑着讲，学生偷着看"的尴尬状态中，一些孩子往往因为幼稚无知而误入歧途。因此，适时、适量、适度地开展性健康教育迫在眉睫。

在我们采用的参与式课堂教学中，学生参与积极性高，充分体现了以学生为主体的教学理念，小组讨论给了每位学生"想说、敢说、会说"的机会。在参与式课堂教学里，我们不仅给学生提供了一个危险性小、无威胁的学习环境；而且，还给学生提供了互教、互学、理解他人的观点和看法，学习与他人合作的机会，使学习动机得到提升，学习效果更明显。

学生学习知识的态度和行为的前后变化如下。

上课前：学生对"什么是性侵犯？它有哪些表现？"不了解或一知半解又或羞于启齿，有些同学甚至在不知不觉中被侵犯了也不知道，就算是知道了，也不知道如何处理；对"身体上哪些部位是最隐私、最重要的部位？如何进行自我保护？"也是道听途说或胡乱猜测。

上课后：90%以上的学生对"性侵犯及其表现"都有了较深刻的了解与认识，并意识到要重点保护好自己身体上的隐私部位，避免受到伤害。几乎全部同学都表示今后遇到"色狼"会反抗，并告诉大人或报警。

课后反馈：

学生：实验班学生在听课后都普遍认为开设这样的课程很有必要，他们也非常喜欢这样的课程，并强烈要求教师以后多组织些这样的课程。非实验班的大部分学生也希望能在他们班上这样的课程。

教师：绝大部分教师在听了这一节课后，都给予了较高的评价，并认为有必要在小学阶段开展性健康教育。部分非实验班教师还强烈邀请心理辅导教师也在他们班上这样的课程。

九、结论

性健康教育是关于性别、生命、爱、自我保护、情感、责任、道德、法制的教育，需要贯穿孩子整个成长过程，这样才能够真正让孩子学会对自己的生命负责，对自己的情感负责，对自己的人生负责，孩子将来才能够获得幸福的人生。

十、研究的局限性及有待进一步研究的问题

大多数教师对"性"还羞答答，感觉讲起课来别扭和难为情，不能很坦然地面对学生的尖锐提问。建议能否给更多的教师提供更多的培训、学习、参观等的机会。

班主任工作中
实施性健康教育的实践研究

北京市通州区培智学校　赵红艳

性健康教育是引导人们成为健康、自信、快乐的男性和女性，能够幸福地度过一生的教育过程。我国是世界上最早进行性教育的国家，但在特殊教育领域开展性健康教育还处于起步阶段。随着青春期的到来，智障学生有关"性"的问题也愈加凸显，相关研究发现：66.7%的特殊教育教师在工作中都曾遇到智障学生的青春期性心理或性行为问题，其中遇到自慰行为的达40.5%，遇到过于喜欢接触异性教师或同学的占35.7%，遇到早恋、追求异性行为的占26.2%。班主任作为学校实施素质教育的主要执行者，有责任、有义务在班主任工作中有效、恰当地实施性健康教育，促进智障学生健康、快乐地成长。作为从事特殊教育的教师，在多年的班主任工作中，我进行了一些实践与研究，取得了较好的教育效果。

一、提高认识，把性健康教育列入班级德育工作计划中

中小学性健康教育是人生性教育的组成部分，是引导青少年成为健康、自信、快乐的少男和少女，为成功进入成年社会打下基础的过程。因此，要做好此项工作，班主任老师首先要提高自身对性健康教育的正确认识，把性健康教育列入班级德育工作计划之中，特别是对于心智有残疾的智障学生。智障学生由于认知水平低，高级心理调节功能薄弱，思维发展缓慢，道德认识能力低，使得他们不能正确认识和处理青春期出现的各种问题。他们的行为特点在很大程度上受着原始欲望的驱使，为了满足自己的生理需求而直接表现的行为，因而容易出现性心理障碍或性行为问题。另外，他们分辨是非、自我控制和自我保护的意识及能力很弱，容易上当受骗或出现违背社会规范的行为。班主任教

师更应认识到性健康教育对于智障学生健康成长的重要性，在制订班级工作计划中，把智障学生的性生理、性心理、性道德、性文化、性自护、性法律等综合能力的提高作为班主任工作的重中之重。并在实施的过程中，坚持以育人为本的原则，根据智障学生的生理、心理发展特点和规律，选择适合其实际需要的性教育内容，并适时适度地向学生提供符合其认知水平的、科学的、完整的、全面的性健康教育，使智障学生得以摆脱性无知，建立科学的性观念，提高性认识以及避免不良性信息影响的能力，强化身心全面和谐发展，为今后的人生阶段奠定良好的基础。

二、创设良好环境，营造和谐空间

积极向上、健康和谐、带有启迪性的班级人文环境具有"情因景生，景为情造""寓教于景、环境育人"的作用。特别是对智障学生健康心理品质的塑造和情绪调节起着潜移默化的作用，学生在和谐的班级氛围中娱乐、交流、休闲，可缓解心理疲劳、降低紧张情绪，释放学习压力。因此，我依据智障学生的认知特点，开发有限的教室空间和教育资源，建立"快乐小家"。每位学生都是家庭中的一员，大家都有责任把我们共同拥有的小家建设好。师生一起精心设计、布置教学主题墙、教育专栏，一起在室内设置植物角、生物角、节约角、评比角、工艺角、阅读角，大家一起动手制作"心语信箱"等。课间，学生们浇浇花、喂喂鱼、看看报，愉悦身心、陶冶情操、受到教育、得到启发。良好的氛围为智障学生身心健康成长奠定了良好的物质基础。学生们在和谐统一、丰富有趣的班级环境中塑造健康心灵，逐步进行自我人格的完善。

三、开展特色活动，优化情感体验

性健康教育的关键是应树立"以人为本，以学生为本"的学生观，增强学生自我教育能力。丰富多彩的校园活动是培养学生人文精神的广阔天地。一种良好情感的获得、一个深刻认识的强化，乃至个性品质的最终形成，都需要经过个体多次、反复的实践体验和不懈的努力。针对智障学生对外界人、事反应过敏、焦虑、烦躁不安，或抑郁消极、拒绝交往的情绪问题，开展寓教于乐的教育活动能启迪他们的心智、调节他们的情绪、陶冶他们的情操。

第一，借助性健康教育主题活动课对学生进行性健康教育。为了科学、系统地对智障学生进行性健康教育，班主任老师针对学生特点从学生实际需要出发，选择适当的教育内容，开展具有培智特色的或集体或分组等不同形式、主题鲜明的性健康教育活动课。

第二，班主任老师带领本班学生积极参加学校的少先大队活动，借助少先大队的教育平台，对学生进行性健康教育等。

第三，班主任老师充分利用各种资源、设施和文化，结合学校德育重点和学生的实际需要，从他们自身的认知特点出发，开展各种丰富多彩的校园活动，例如，参加学校的兴趣小组，参加学校组织的文艺汇演、亲子趣味运动会等活动。

第四，根据学生的实际特点和实际需要开展走出校园、深入家庭、进入社区的参观、实践、考察活动。例如，与大学生开展"手拉手，我快乐，我成长"的联谊活动，到敬老院开展"敬老，爱老"活动，到社区开展"绿色社区我参与"的实践考察活动。又如，为提高智障学生明辨是非的能力、形成良好的道德情感、养成良好的遵纪守法的习惯，我们与本区公安分局、交警大队联系，请警察叔叔讲解遵纪守法、自护自救的知识，例如，遇到陌生人敲门、回家的路上陌生人送你礼物并邀请你去玩、遭遇威胁等实际问题时如何处理。通过警察叔叔绘声绘色的讲解和生动真实的案例分析，同学们明辨是非、自我保护的能力得到提高。除此以外，我们还与社区医疗机构联系，根据弱智学生普遍存在的心理问题开设"青春期心理健康医疗诊所"，以消除学生的不良心态。例如，如何面对别人的嘲弄？如何与异性交往？此外，为了丰富学生感知，我们还组织全校学生到北京自然博物馆参观动植物的生长变化，了解人的成长不同阶段的知识等。总之，通过以上的活动使智障学生开阔了视野、丰富了感知、受到了教育、提高了技能，有效促进其身心健康成长。

四、加强个别辅导，预防心理障碍

活动的开展与个别生的辅导相结合能使性健康教育收到更好的效果。作为班主任老师利用已掌握的心理学、教育学和行为矫正的知识，帮助学生解决出现的各种心理行为问题，通过个别辅导改变学生的认知态度、情绪、行为，使他们更好地适应集体生活。在个别辅导的过程中，班主任老师可通过"心语信箱"与学生沟通，也可直接与学生单独面对面地真诚交流。针对学生出现的情绪和行为问题，与个案一起分析问题的症结和改变的方式方法，并一起制定和实施所要达成的目标。在辅导的过程中，班主任老师还可以根据孩子的认知情况适当传授性健康知识与技能，同时监督和指导学生的转变过程。因此，可以说个别辅导是班主任老师对智障学生进行性健康教育的又一条重要的途径。

五、加强家校联系，形成共育纽带

家庭教育是教育的重要组成部分，家长除了满足孩子生存的基本需求外，还要为孩子提供情感支持、行为示范、生活经验和技能的传授。而现实生活中，智障学生反映出的各种问题和行为障碍，除了与个体器质性损伤有关外，也与其不良的家庭环境、不健全的亲子关系和家长不良的教养方式有着直接的关系。因此，对智障学生进行性健康教育，必须开发家庭教育资源、优化家长育人能力，形成家校共育纽带，这样才能把该项工作落到实处。

首先，通过培训为家长提供科学育儿的知识储备和有效的方法指导。其次，教育家长以良好的言行、积极健康的生活方式影响和教育孩子，为孩子创设良好、愉快、健康的生活环境。再次，辅导家长加大智障生参与家庭生活实践的力度，让学生在家庭生活中锻炼、提高、体验。例如，家务料理、一日三餐的安排和准备、亲友邻里的交往、生活物品的选购等，使他们真正成为家庭的主人，而不是旁观者。从而感受生活中的真、善、美，最终形成健康、稳定的心理导向和情绪状态。

总之，班主任是学校性健康教育的主要参与者，班主任在此项工作中起着特殊的作用。班主任老师要树立正确的性健康教育观念，并将其列入班主任教育工作的重要日程中。在了解智障学生认知特点的基础上，为孩子创设良好的生活空间，并针对其实际生活和自身成长需要，在校内、家庭和社区开展丰富的教育活动，从而提高智障学生正确的性知识与能力，促进智障学生身心健康的成长。

参考文献

[1] 杨培禾.小学性健康教育相关问题探讨.中国学校卫生，2009（9）.

[2] 孙军玲，等.北京市智力落后学生青春期发育及家庭性教育情况.中国学校卫生，2007（3）.

[3] 张亚娟，等.北京市某小学高年级学生青春期健康教育现状分析.中国校医，2009（4）.

[4] 田京生，等.心理健康教育读本.北京：首都师范大学出版社，2006.

[5] 袁振国.教育新理念.北京：教育科学出版社，2002.

青春期健康教育从身边开始

北京市羊坊店中心小学　王宏伟

随着社会科学技术的进步，人们的生活水平在日益提高，文化素质也在逐步提高，从而使少年儿童得到了更好的发展：身体发育低龄化，60%的学生在小学六年级前后就进入青春期；社会经验比以往学生更加丰富（或者说现在的少年儿童比十年以前的同龄孩子所知道的要多几倍甚至十几倍）。这些"发展"既有其优势，也还存在不利之处，从针对几所小学的调查中发现：①有的学生对于与青春期有关的知识知之甚少，甚至是"无知"，这样就造成了学生无法进行必要、及时的卫生保健，甚至心理上也出现很大的"波动"，造成思想压力大、情绪低落、成绩大幅度下降等各种不良的后果；②现在小学生也存在"早恋"的现象，尤其是六年级的学生，而绝大多数学生对于"早恋"的内涵或概念等根本一无所知，所以这种现象也可称之为"幼稚"，但这种现象如果处理不当，其后果往往是不好控制的。

青春期（俗称过渡年龄期）是指从儿童时代向成熟期过渡的阶段。它的生物基础就是性的逐渐成熟。这一时期是决定人一生的体格、体质、心理、个性和智力发展的关键时刻。它不仅要求身体发育成熟，而且要求掌握知识、技能，具有较强的心理承受能力，才能履行各种社会职能并担负起社会责任。青春期阶段的学生们内心深处经常会出现各种矛盾的情感体验，如喜悦与烦恼、开朗与沉默、社交与孤独、大胆与怯懦等相互矛盾的倾向。他们逐渐地认识自我，并对周围的一切十分感兴趣，乐于评价和介入成人行列，主观上想摆脱对父母的依赖，出现"心理上断乳"现象。这种急剧的"断乳"现象给青少年带来不安，产生情绪上的波动和混乱。由于性本能的启动使他们逐渐将注意力转向自己。如果我们没有及时掌握这种变化的实质，青少年就会陷入烦恼、困惑、焦虑、冷淡等不安的情绪中，他们不仅对外界，也会对自己采取"否定"

的态度。心理学家称青春期为暴风骤雨、疾风如涛的时期，人的身体及心理变化大为不同，发展趋势呈跳跃式，是人生的"危险期"，因此，我们应注意观察学生情感上的细微变化，重视学生青春期心理健康教育。

一、学生心理健康的标准

心理健康教育活动的目的在于消除各种不利于青少年身心发展的因素，培养学生对社会生活具有良好的适应能力和良好的个性心理品质。学生心理健康的标准如下：

（1）能正确认识周围世界，具有良好的适应能力。

（2）有丰富、积极而安定的情绪，对别人的情绪能给予良好的反应。

（3）有自制力，能经受挫折，战胜自身和外部的各种困难。

（4）有稳定的兴趣和求知审美，以及社会交往的需要。

（5）有自信心、善于与人相处、乐于助人，以积极的态度对待生活。

二、学生心理障碍和不良品德产生的原因

（一）家庭的不良教育和不良环境的影响

由于目前的学生大多是独生子女，有些家长无原则地溺爱和袒护，在生活上，缺乏严格的管理；在学习上，对其希望值很高，个别家长甚至采取粗暴的压制教育方式。在学习和生活上要求的强烈反差容易导致学生的心理障碍。学生家长现在工作都比较繁忙，有些甚至居住外地，有些父母感情不和或离异，家长与孩子交谈的时间太少，对孩子的心理变化不清楚。

（二）社会环境的影响

由于现在处在改革开放、经济发展时期，存在着各种思想意识。不良分子不仅自己作案犯罪，而且常常欺骗、诱使、教唆少数青少年做坏事，使他们心灵受到毒害，沾染上不良品德和恶习。

（三）学校教育工作失误的影响

目前，"应试教育"现象依然存在，以学生成绩论"英雄"，决定教师的考核。因而某些教师不惜采取过激措施，挤牙膏似地"挤出"学生的辉煌成绩。致使那些本来就较自卑的落后生，因过重的课业负担和频繁的各种考试甚

感头痛和万分厌烦，对自己没有信心，厌学情绪强烈，美丽的校园成为他们最恨的地方。有些班主任处事武断，对好的学生关爱倍加，对差生冷嘲热讽，使他们的自尊心受到严重伤害，产生强烈地反抗心理。处理不好的话，他们会采取过激的不正当手段报复他人，"捍卫"自尊。他们表面上的好强掩盖着他们内心世界意志的脆弱。

三、采取多种形式的心理健康教育方式

（1）学校应重视学生的生理和心理教育，应开设健康教育课程，阶段性地对学生进行青春期的心理、性道德观念教育、男女生之间友谊和爱情、法制观念、科学人生观等方面的教育。开展阅读青春期教育方面的书籍，参观青春期教育方面的展览等主题活动，请公安、劳教部门的同志给学生讲有关法制的知识，正确处理青少年"早恋"和防止青少年犯罪。

（2）教育者对学生的学习成绩、升学等问题给予关注和指导，杜绝将成绩作为唯一标准衡量学生，要分析学生成绩不良的原因，允许学生具有差异性，帮助学生树立自信、提高学生解决问题、适应新环境、自强自主的能力。

（3）细心观察，对学生的异常行为和不良的行为习惯采取正确的教育方法，切记不要简单粗暴，努力做到和风细雨，"晓之以理、动之以情"，打开他们心灵的窗户，并及时发现、引导、处理和治疗。尽量减少产生不良心理的环境因素，消除心理冲突，培养学生抗挫折的能力。

（4）帮助学生树立正确的人生观，正确评价自己，建立良好的人际关系，培养健全的人格特征。利用班会，让学生畅谈人生，对未来充满自信。

（5）开展心理健康咨询活动，指导学生减少或防止紧张状态的产生，为学生提供解决各种心理异常的方法，普及心理卫生知识，提高学生心理健康水平。

四、塑造学生积极成功的自我意象

（1）既严格要求，又充分赏识。所谓严格要求，就是严而有度、严而有方、严而有恒，这一切源于对学生的热爱；所谓充分赏识，就是对学生多尊重、多理解、多宽容、多激励。要做到充分赏识，教师必须正确地比较和评价学生，既横向比，又纵向比。评价学生要客观公正，多进行鼓励性和肯定性

评价。

（2）努力挖掘闪光点，培养学生自信心，对后进生，教师不能有思维定势，要像寻觅火种和开采金矿一样，努力找出他们身上的闪光点，千方百计使其燃成一片。

（3）让学生体验成功的快乐。在教学中，教师要面向全体，分层教学，设计不同层次的提问，采取不同的激励标准，热情鼓励中等生和后进生参与课堂，大胆发言，体验成功的快乐，增强自信心和进取精神。学生就不会轻易产生厌学情绪，师生之间就会关系融洽。

在全面实施素质教育的今天，我们应该把学生当做一个个发展中的人来看待，尊重他们的个性和需求，鼓励他们开创新的生活，致力于健全人格的培养，努力提高学生的能力素质，心理素质和健康素质，让心理健康教育步入科学性、个性化、普及化的发展轨道。

小学低年级性教育大纲实践研究

北京市东城区和平里第一小学　周淑华

一、研究的提出

本课题是针对小学低年级学生开展同伴交往、亲子交往、异性交往及自我保护辅导的研究。

近年来，随着物质丰富而营养提高、摄入含有激素的食物和药物增多等因素影响，使青少年的青春发育年龄提早了 2～3 岁，形成性早熟现象。目前，我国关于性知识来源的调查最引人注目。调查结果显示，通过"文艺、影视作品、漫画、网络上的资讯"获取性知识成为最主要的渠道。很多青少年认为，性行为是很正常的，没什么需要顾忌，想做就做，有些甚至到达滥交的地步。调查报告中显示，青少年性行为具有性活动频繁、性伴侣多以及不采取避孕措施等特征。

现时性教育忽略幼儿期性教育，成年人在儿童面前没以身作则，目前性教育的态度仍然是消极被动的。我们不断强调性教育的重要性，但实际上我们并没有主动给孩子做太多的性教育。家长、教师，他们所传授的知识微乎其微。

在联合国规划署（UNAIDS）和世界卫生组织（WHO）联合发布的《2006 年世界艾滋病报告》中指出，2006 年，全球有 290 万人死于艾滋病，有 430 万人感染上艾滋病病毒。全球感染人数已达 3950 万人，其中 230 万是 15 岁以下的儿童。"误读爱情"的悲剧屡屡发生，性行为低龄化，性失误和性罪错呈上升趋势，未婚先孕现象也不断出现，对儿童青少年进行性教育，已是无法回避的现实。如何系统全面地对儿童和青少年进行必要的性教育，发挥学校教育的主渠道作用，已到了全社会都应引起重视和认真思考的时候了。因此，在小学低年级开展性教育是当务之急的。

二、研究的主要内容及过程

本课题研究通过了解低年级学生遇到的主要性困惑问题，制定解决的策略。通过调查问卷了解低年级学生遇到的主要性困惑问题，明确小学开展性教育的需求及开展性教育的途径，以此为切入点，根据学生的成长需要，研究低年级学生教育的内容、方法。

学校自加入课题组，成立了由行政主管部门、科研人员和基层教师三方面人员组成的研究队伍。经过第一轮的实践，学校摸索出了一定的经验和思路。学校从低年级开始实践课题大纲，逐渐过渡，最后形成完成的小学系列。因此，本阶段学校的课题是"低年级性健康教育大纲的实践与研究"。针对低年级学生认识自我，同伴交往、亲子交往、异性交往及自我保护等问题，结合学校"三动"即"多科联动、多育互动、多元推动"的办学特色，开展性健康教育工作。

（一）多科联动——抓住课堂主渠道

学校在素质教育中的主体地位，是国家素质教育政策所赋予的，课堂作为素质教育的主渠道，是由课堂教学自身性质所决定的。性健康教育自然也要抓住课堂主渠道，对学生进行性健康知识的教育。

本阶段继续多科联动地推进课题。例如，二年级认识自己的性健康教育课"认识自己"，在健康课讲"男女生的区别"；在美术课画"男孩女孩"；品德与生活讲"我是最棒的"；在班会课讲"怎样交朋友"；体育课进行男、女生不同项目的学习；在音乐课唱、跳"找朋友"，等等，不同学科在同一时间段一起认识男孩、女孩，使学生更容易理解，更好地达到教学的目标。

课题组编制了学校低年级性健康教育教案集，全校共享，便于教师们授课。

（二）多育互动——实施育人新模式

学校德育工作体现多层次全方位的教育，在注重教书育人、管理育人、服务育人的同时也注重环境育人。优美的校园环境使同学们身心愉悦，学校开设心理咨询室、知心信箱、网络咨询、广播站、电视台、教育橱窗等教育阵地，为同学们开辟了更多畅所欲言、展示自我的空间。学校共有 30 个班级、班班有心理健康角。校本泥偶动漫组，为低年级制作了泥偶动漫，让同学们看动画片，在快乐中学习性健康知识。

学校课题组依托学校体育特色，与体育组携手推出阳光操，同一班级、不同班级的男女同学相互配合，相互合作，增进异性健康交流。花式篮球的学习也一改固有的男孩、女孩的特性，充分发挥学生自主性，促其个性发展。大纲中谈到性健康教育的基本理念是引导人们成为健康、自信、快乐的男性和女性，能够幸福地度过一生。中小学性健康教育是人生性教育的组成部分，是引导青少年成为健康、自信、快乐的少男和少女，为成功进入成年社会打下基础的过程。大纲在性道德与社会和性审美方面明确了性的社会属性，社会的性道德原则和行为规范；友谊友爱的意义；与异性交往方法与礼仪，尊重异性、他人和自我；热爱生活、热爱生命。大纲也指出要注重身体健康知识，性别美的欣赏和塑造，适合年龄特点的着装美，心灵美与形体美统一。学校把性健康教育融入德育、智育、美育、体育教育中，让学生在多育互动中全面发展，学生在提高审美能力、提高身体素质、加强美的修养的同时会促进其对性别美的欣赏和塑造，培养学生身心的健康发展。丰富的教育活动提高了学生的文明素质、审美情趣，培养合作意识和交际能力，形成开朗乐观的个性，培养学生健美的身体形态。

在研究中，我们感受到通过活动渗透性健康教育，能调动学生的积极性，收到了较好效果。在第一轮实验中，我们在低年级开展了集体舞的活动，男、女生结队，互相帮助，互相配合，取得较好效果。此次试验我们仍然沿用了这项活动，让同学们在集体舞活动中学会与异性合作。

（三）多元推动——探究教育新途径

学生的生活环境是多元的，学校、家庭、社会如果能相互融通形成合力会对学生的成长起到事半功倍的作用。学校在落实性健康教育的工作中，依据教育大纲的整合性原则注重多元推动的教育网络，整合学校、家庭、社会资源，共同促进学生心身健康发展。

现代教育科学研究的成果表明，家庭教育相对学校教育和社会教育具有强烈的感染性、自然的连续性、鲜明的针对性及方法的灵活性等特点，家庭教育对孩子的影响是深刻的、全面的而且是长久的。

我们进行了家长问卷的调查。调查问卷工作，得到了闵乐夫教授和上官芳芳教授的指导和帮助，在此也表示感谢。

实验班进行了亲子活动。例如，二年级二班的教师、学生和家长一起来到位于顺义区的汉石桥湿地，在这里开展"享受成长"拓展活动。

二年级 3 班在奥林匹克公园开展了亲子活动，有的设计有奖问答；有的设计拓展活动。家长们能看到孩子和其他同学相处的状态，了解学校教育动态，亲子活动增进学生间、家长间、家校间的融通，促进学生身心健康成长。

目前学生都是独生子，家长们也没有育子经验，都在自己摸索。学校在低年级建立家长学校，建立家长委员会。例如，学校组织一年级 190 名家长一起聆听了著名教育专家关鸿羽教授题为"培养学生良好习惯"的专题讲座。关教授通过一个个鲜活的案例，分析现在少年儿童存在的一些不良行为习惯的原因，就家长如何培养学生的生活习惯、交往能力、自我保护进行了指导。幽默的语言、真实的案例，使家长们时而紧锁眉头，时而开怀大笑；家长们像小学生一样认真做着笔记，思考自己的孩子是不是像关教授所讲的"小皇帝""小犟牛"……

虽然课题研究年级为低年级，但是其他年级仍在继续开展。例如，全校的健康课有性健康教育的课时，低年级学习集体舞，高年级创编了阳光体操，在活动中发挥男女生各自的优势，共同学习，相互配合，共同提高。

三、研究的方法、特点及创新之处

通过查阅文献、问卷调查、个别访谈、团体辅导、个案研究等方法进行本课题研究，针对学生普遍性问题及需要开展团体辅导，并创设多种渠道为学生提供安全的倾诉途径，利用沙盘游戏指导学生进行积极的自我心理调节。多种方法的综合应用是本课题的特点，课题组成员边观察、边总结、边研究、边修正，在复杂的教育教学情境中开展性健康教育的研究，促使学生身心和谐发展，为顺利度过青春期打下基础。

本课题的创新点是：提到性健康教育往往都认为是生理层面的教育，我们认为对于低年级学生来说在他们人生发展的发育阶段生理变化会带来心理变化，生理发展与心理发展应该同步提高。我们发挥自身在心理教育层面的优势，把心理教育纳入性健康教育之中，关注低年级学生人际交往的辅导，并借助课题资源把生理教育融入人际交往辅导之中，使二者有机结合，促进低年级学生身心健康发展。

多科联动式教学有力地提高了学生的学习效果。泥偶动漫的制作，符合学生爱看动画片的年龄特点，学生易懂易接受。

四、研究的效果

（一）研究价值

中小学性健康教育是以建立科学的性价值观为核心的素质教育，学校借助本课题研究从人际交往能力方面，有计划地开展性健康教育。从性的角度提高学生对自然、社会和自我内在联系的整体认识，实现个体的社会化和人格成熟，走好健康人生的关键一步。

人际交往是人与人互动的过程、沟通的过程、交流的过程。小学时期是儿童心理发展历程的一个重要时期，是儿童学会人际交往、适应学习生活、融入集体生活的基础阶段，小学阶段良好的人际交往环境和人际关系能使孩子们心情舒畅、身心愉悦，培养乐观豁达的品格，在当前乃至今后的生活中都能积极主动地适应环境，应对各种问题。

（二）研究启示

1. 教师是学生同伴交往的引领者

小学生的人际交往研究主要包括三个方面，即与同伴的交往、与父母的交往、与教师的交往。本课题因受时间因素制约只研究了与同伴交往、亲子交往。

小学生的同伴关系有一个发展的过程，这一过程与小学生认识过程的发展相适应，也与小学生在班集体中的集体活动经验有关。不同的班级文化造成学生同伴之间交往的不同，因此教师，特别是班主任在营造班级文化，促进学生同伴交往过程中起着重要作用。

2. 学校应架起父母与孩子性教育的桥梁

虽然小学生与同伴的交往明显增多，但与父母仍保持着亲密的关系，对父母仍怀有深厚的感情。因此，小学生与父母的关系在其发展上仍起着重要作用。

借助这一特点我们发挥父母在性教育中不可替代的作用，架起孩子与父母沟通交流的桥梁。学校应提供必要的教育资源，如开办家长讲座，建立家校交流平台，共享教育资源……

通过本课题研究，我们认识到性健康教育的意义与价值，并将不断研究下去。

小学三、四年级学生
性心理健康教育的课例研究

北京市三义里小学　赵蕊等

一、研究的背景

世界卫生组织（WHO）提出了健康的新概念，它指出：所谓健康是生理健康、心理健康、道德健康三方面构成的健康的整体概念。人作为身、心的统一体，心理的健康发展是人全面发展的重要方面，在21世纪的今天，心理的健康日益受到人们广泛高度的重视。而性心理健康是心理健康的重要内容，性心理健康教育既是学科知识的教育，更是人格的教育、身心健康的教育，是现代文明人必须接受的教育。从这个意义上来说，性心理健康教育充分体现了尊重人的价值，促进人的素质的全面提高，促进人的身心全面发展这一精神，而这正是我们教育的永恒主题。

有专家指出，中国目前进行的青春期性健康教育内容偏重于性生理，而缺乏性心理和自我保护的知识，不能适应社会发展引发的青少年性与生殖健康需求。为了填补这一空白，我校结合自身的实际情况和学生健康成长的需要提出了本课题的研究，旨在以《北京市中小学性健康教育大纲》为依据，以德育活动、国家课程、校本课程为突破口，以小学三、四年级学生为研究对象，开展有效、合理、科学的性心理健康知识及技能的课例研究。

二、研究的意义

目前，国内外的研究者对青少年性心理健康教育的研究越来越重视，但在常规课程中渗透性心理健康教育的研究还比较匮乏，如何找到与各级课程相关的渗透点进行性心理健康教育是个空白地带。卢梭说："教育即生长"，性生长是人在生长过程中必不可少的一部分，让每个孩子成为健康、自信、快乐的男孩和女孩，就是我们每个教育者的使命所在。因此，我校所确定的"小学三、四年级学生性心理健康教育的课例研究"这一课题，是很有前瞻性的，而且也是很有新意和潜力的。通过专题课、整合课、学科渗透课以及主题活动的实践和研究，使学生进一步认识性心理健康知识与技能，从中帮助学生形成良好的自我保护意识和能力，建立正确的性观念、性道德，这是我们这个课题的社会价值和应用价值之所在。

针对以上的思考，对我校三、四年级学生现状作了调查，调查后我们发现：在社会方面，由于社会开放程度的加强，网络、媒体、各种信息手段充实着孩子们的生活，这其中不乏不良的性知识影响着孩子的认知和判断，影响孩子们正确价值观的建立，同时社会的不良风气也需要孩子有一定的自我保护意识。在家庭方面，我校三、四年级学生家长对于孩子的性健康教育认识不够，重视程度也欠缺，在孩子问及此类问题时 57% 的家长采取避而不谈，31% 的家长有轻描淡写或误导的现象，仅有 12% 的家长会正视孩子的困惑并解答，采取较为科学的态度。在学校方面，学校性健康教育空白，只有健康教育课对此知识有一定的渗透，虽参加了区相关课题的研究，但这些远远不能填补学生对性心理健康知识及技能的实际需求。作为一线教师，认识到性心理健康教育的重要性，但没有教材，缺乏课时保证，因此只有结合日常教学，选择合适的切入点，渗透性健康教育的相关知识。在自身方面，学生从中年级开始对自己的性别有了更敏感的认识，异性间的交往开始疏远，学生对性的知识产生好奇心，有一定的探究欲望，个别女生出现了月经初潮。根据学生的性生理及性心理的变化，我们认为学生的性健康教育的实际需求已日趋明显，所以我们选取在中年级开展性教育的课题研究。

基于以上的思考，我们确定从学生的性心理特点出发，在北京市性健康教育研究协会的带领下，开展"小学三、四年级学生性心理健康教育的课例研究"。我们主要是以悦纳性别、促进人际沟通，实现人际关系和谐作为我们研究的目的和意义，想通过此课题的研究帮助学生建立并初步形成良好的性心理、性审美及自我保护等方面的知识，指导他们对性健康问题有正确的判断和认知，培养学生必要的能力和技能，提高青少年性健康方面的自我保护意识，使他们能够掌握更多的、科学的、文明的性心理健康知识，树立起正确的世界观、人生观、价值观。

三、研究的理论依据

"性体现了一个人审美的高度，一个民族文明的程度，一个国家文化的厚度。"性健康是非常重要的，它关乎着人生的各个阶段，决定是否能够成为健康、自信、快乐的男性和女性，能不能幸福地度过一生。

与婴幼期相比，处于新的生活和学校教育条件下的儿童心理发展有了明显的变化。而且儿童期又是人类性生理成熟和性心理成熟这一性发展全过程的开始，也是这一过程正常发展的关键，儿童早期不同的性准则和性观点，作为成年人高度明确的概念和信念的前身，可能是成年人性行为的主要因素，也许是许多成年人性问题的心理基础，因此，应重视儿童期性心理出现的问题。

青少年的性生理发育呈提早趋势，据复旦大学一项调查证实：近年来上海市青少年的性成熟已经提前了2岁，少女少男已分别在十一二岁、十三四岁提前进入青春期。尽管学生青春期提前，但他/她们的心智却未相应成熟。这样造成幼稚的心灵更难控制早熟的躁动，因而以往称谓的"危险期"更添几分盲动的危险。受当前社会性开放观念的影响，青少年从媒体中获得的性文化刺激日益增多，并由此引发了一系列问题。即便是在普通的学校，小学一、二年级的学生就会给漂亮的异性同学送礼品，三、四年级的学生会对喜欢的异性说"我爱你"，五、六年级的学生会在异性同学交往中出现冲突。这些都是性心理发展的正常表现。有人感慨：如今的孩子怎么这么早熟？性心理的发展速度确实与孩子生活环境中性信息数量有关，如今孩子生活环境中性信息数量是空前的，在这种刺激和诱导下，人们的性心理发展速度也必然是前所未有的。性生理成熟带来了性心理发育的提前，然而，社会生产力的发展，社会生活的日趋复杂又造成了青少年社会心理成熟的推迟。因而，对性生理的发育以及由此而萌发的性心理，缺乏科学的理解，他们往往很难恰当地应对自身这一突如其来的变化，由性所激发出的青春的躁动带来了一系列问题，甚至产生性心理障碍，性犯罪现象日趋严重。面对当今青少年吸收性知识的多元化，以及性心理过早成熟的现状，对他们进行性心理健康教育和应对技能的培养就显得迫在眉睫了。但我们必须承认，小学生的性心理变化是十分复杂、敏感的，对这些心理变化加以引导，让他们学习做一个受人欢迎的男孩和女孩，了解自身及异性的心理特点，学习与异性交往的方法，初步学习交往中的道德和行为规范是非常必要的，更是形成青年健康性心理的重要基础。

四、研究的目标

我校所承担的课题为"小学三、四年级学生性心理健康教育的课例研究"。在前期学习和研究的基础上我们把研究目标定位为认同性别、悦纳性别、发扬性别优势及构建和谐人际关系等性心理健康知识及技能方面的内容，并逐渐培养学生有意识地自主探究相关的性常识，构建积极的性生理知识结构，树立正确性观念，为今后的人生奠定良好的基础。

五、研究的主要内容

（一）课题关键词界定

性心理：性心理是指在性生理的基础上，与性征、性欲、性行为有关的心理状态与心理过程。健康的性心理指个人有良好的性适应，包括自我性适应与异性适应，即对自己的性征等能够悦纳，与异性能很好地相处。

悦纳：本课题是指高兴地接纳、接受东西或人。性心理中悦纳主要涉及悦纳自我及悦纳异性的性别特征、性别角色。

人际沟通：指个人之间在共同活动中彼此交流思想、感情和知识等信息的过程。它是沟通的一种主要形式，主要是通过言语、副言语、表情、手势、体态以及社会距离等来实现的。

人际关系：就是人们在生产或生活活动过程中所建立的一种社会关系。

课例研究：课例是关于一堂课的教与学的案例。课例研究是指围绕一堂课的教学在课前、课中、课后所进行的种种活动，包括研究人员、上课人员与他的同伴、学生之间的沟通、交流、对话和讨论。

（二）课题研究范畴

我校课题研究人员涉及班主任及科任教师，覆盖七个学科，在推进过程中研究的主要范畴如下表所示。

课题研究范畴

内容	目标	目标分解	备注
性心理知识与技能	认同性别	认识性别特征（初步认识异性特征）； 认同自身性别角色	例如，知道男、女生应分别如厕、沐浴、更衣等
	悦纳性别	悦纳自己的身体特征； 悦纳自己的性别	例如，肤色、胖瘦等身体特征；了解性别的平等与权利
	发扬性别优势	认识自身性别优势； 发扬性别优势	
	了解人际关系	了解学生常见的人际关系	例如，按年龄分类，包括同辈、长辈；按关系远近分类，包括陌生人、熟人等
	学习沟通方法	交朋友中建立友好关系的方法； 表达友好情感的方法； 遇到问题沟通的方法	
	构建和谐关系	和谐的同学关系、和谐的师生关系、和谐的家庭关系； 人际关系中尊重、责任、体谅、合作与付出含义和做法	

六、研究的方法

根据我校开展的"小学三、四年级学生性心理健康教育的课例研究"课题，我们在以课堂教学研究为主要平台的前提下，主要采取如下研究方法。

（一）文献研究法

在课题研究前查阅相关资料加强对此课题的学习，并了解课题研究现状及前人研究的基础，判断该课题有无研究的必要，避免低水平重复。也可借用别人的方法，独立重复验证，发现错误或被忽略点。

（二）调查研究法

根据课题研究需要，设计编写《家长问卷调查》《学生课前问卷调查》《学生课后问卷调查》。要求家长和学生对问卷中的问题认真如实回答，对结果进行分析，以揭示性教育课程的可行性。

（三）个案研究法

在性教育实践中，对某一典型的个体或某一典型的个案进行观察、追踪、分析、研究，从中探索教育规律。

（四）行动研究法

在性教育实践过程中，面对不断变化的实际情况，在研究中不断修正方案，及时提出灵活的解决实际问题的方法，直到问题解决。行动研究的基本过程是计划→行动→观察→反思的螺旋重复的过程。

（五）经验总结法

在性教育实践中，对某一成功的经验进行思维加工，以探讨其普遍意义，形成研究成果。

七、研究的主要过程

（一）研究的主要措施

（1）植根德育课程，开展性心理健康知识及技能教育的课例研究。通过心理活动课、主题活动等形式帮助学生了解自己悦纳自己的身体和性别，认识自己性别的优势并积极发扬。在与同学交往中能够建立友好关系，表达友好情感，遇到问题妥善解决，最终培养学生具有性自省意识。

（2）借助国家课程，渗透性心理健康知识及技能的课例研究。结合语文、数学、英语、体育、信技、品德与社会课程的教学内容，帮助学生悦纳自己的性别，发扬本性别的优势，能够在遇到问题时及时沟通，选择合适的方法加以解决。在倾听中体会尊重；在小组活动中体会合作；在收获中体会付出；在承担中体会责任……最终形成和谐的人际关系。

（3）依托校本课程，形成茶艺实践课与性心理健康教育有机融合的特色课例研究。结合我校的校本课程"茶艺实践课"，在学生了解、学习中国茶艺知识的过程中，受到茶文化的熏习与浸润，并结合茶事活动、茶道表演、茶歌茶舞等实践活动，发现性别差异，了解性别优势，认同并悦纳自己的性别，在活动过程中体验性别角色。

（4）以问卷、家长会、访谈、专题培训等形式开展的辅助研究。

（二）研究的主要阶段

1. 课题准备阶段（2010 年 12 月至 2011 年 2 月）

时　　间	内　　容
2010 年 12 月	申报课题
2011 年 1 月	参与《北京市中小学性教育大纲》培训
2011 年 2 月	1. 确定学校课题，做好选题进行论证 2. 成立研究小组，组织课题组成员进行理论学习与培训 3. 撰写开题报告 4. 课题资料的搜集和汇总

2. 课题实施阶段（2011 年 3 月至 2012 年 6 月）

时　　间	内　　容
2011 年 3 月	1. 组织教师们学习大纲内容 2. 完成开题报告，参加开题论证会 3. 修改开题报告，制定详细的研究方案 4. 下发学生及家长的调查问卷，完成开题前的前测及分析 5. 聘请张玫玫教授做专题讲座
2011 年 4 月	1. 性心理渗透课或活动课展示，并整理课例资料 2. 做好国际会议前的准备工作：上交说课稿、优秀论文或案例
2011 年 5 月	推优参加国际会议的成果评选
2011 年 6～7 月	1. 承办北京市性健康教育说课大赛 2. 学校课题工作阶段总结 3. 承办区小学心理及性健康教育结题会 4. 整理各种资料
2011 年 8 月	参加第五届性健康教育国际论坛
2011 年 9 月	1. 布置本学期性课题组工作计划 2. 布置性教育中期评估工作
2011 年 10 月	1. 组内研讨，课题教师做课、听课 2. 初步完成中期评估自评表、应检表、成果一览表 3. 中期评估各负责人着手准备相关材料
2011 年 11 月	进行中期汇报展示的彩排
2011 年 12 月	整理课题材料档案
2012 年 1～2 月	进行期末工作总结，布置假期研究任务

续表

时　间	内　容
2012 年 3 月	1. 布置本学期工作计划 2. 完成市里下发的心理测量表 3. 研讨本学期的研究课
2012 年 4 月	1. 组内研讨，课题教师做课、听课 2. 自己完善子课题成果
2012 年 5 月	参与性教育示范会（宣师一附小）
2012 年 6 月	1. 整理档案，参加市级评选 2. 参与市级培训

3. 课题总结阶段（2012 年 7 月至 2012 年 9 月）

时　间	内　容
2012 年 7 月	完成后测及对比问卷的分析工作
2012 年 8 月	参加第六届全国性健康教育国际论坛
2012 年 9 月	1. 参加北京市结题工作布置会 2. 准备结题

八、研究的结果与分析

（一）在课例研究中不断推进完善课题

1. 课前调研使课例研究有的放矢

我校的研究课题是"小学三、四年级学生性心理健康教育的课例研究"。所谓课例研究就是指围绕一堂课的教学在课前、课中、课后所进行的种种活动。尤其是课前调研是对整堂课的环节设计、学生前期认知进行摸底，同时为课堂实践的后测提供对比数据。它能科学地反映出课堂实践的效果，同时为教师开展研究提供依据。为此，在课例实施前我们注重对学生进行课前调研，以便研究更加有的放矢。

例如，四年级学生马上就要步入青春期了，而且女孩子的发育比男孩还要早一些。因此，月经初潮这个问题马上就要出现了，如何让孩子们能够正确地认识这一生理现象，并学会处理的方法就成了当务之急，我们决定开设相关的"女生课堂"，这就是"百分百女生"一课的最初设计意图。

在这节专题课中，要讲授哪些内容，教学内容的设计应该分为哪些层次，讲到什么样的程度等问题又摆在了我们的面前。教育是为了学生的成长而服务的，我们在教学中也要以学生的需求为出发点。因此教师对四、五年级的女生做了一次相关的问卷调查，本次调查主要涉及以下 5 个问题：

（1）你（是　否）已经来月经了？

（2）你知道月经是怎么形成的吗？（知道　不知道）

（3）你会使用卫生巾吗？（会　不会）

（4）你对于月经有什么疑惑或者想要了解什么？

（5）你还想了解青春期的哪些知识？

收回 60 份问卷后，教师对问卷分四、五两个年级进行了相关的整理和分析，得到如下统计结果。

五年级女生参加前测共 30 人，其中已经来月经的人数为 7 人，占测评总人数的 23.3%；知道月经是怎样形成的有 6 人，占测评总人数的 20%；会使用卫生巾的人数为 20 人，占测评总人数的 66.7%。

四年级女生参加前测共 30 人，其中已经来月经的人数为 0 人；知道月经是怎样形成的有 1 人，占测评总人数的 3%；会使用卫生巾的人数为 9 人，占测评总人数的 30%。

通过对问卷调查的分析，以及青春期教育应具有预见性而非补救性的教育这一理念，我们将课程实施的年级定在了四年级，因为这一年级还没有学生初潮，这样使这项教育可具有预防性的效果。于是教师在调整了相应教学环节后通过带领学生观察自身外貌、性格、兴趣爱好及生理变化，引导学生了解了性别差异，从而尊重、理解、悦纳自己的性别特点。

2. 课堂实践为课例研究搭设平台

课堂教学是教育理念实施的主阵地，有了前期的分析和研究，接下来就是加以实施。结合学生的年龄、心理、生理等特点，在教学中我们采用了多种多样的教学形式及手段。

专题活动课"我从哪里来"，授课教师选择了绘本《小威向前冲》，通过生动的画面及通俗易懂的趣味语言，让孩子们了解了生命的产生，然后又经历了活动感受等环节，体会从孕育到出生再到逐渐长大，每一个孩子都是在父母的呵护与关怀下慢慢长大的，最后又让孩子们用续写绘本的方式去加深对本节课学习的理解与体会。

"谁决定了我的性别"一课，虽同为专题活动课，但是考虑到本节课中涉及概率的问题，对于小学四年级的学生来说比较难于理解，因此在教学方法的选择上我们采用了实验研究法，在课堂上采用小组合作的方式，让学生们一边实验一边记录研究的数据，最后通过对研究数据的整理比较得出结论，使学生们认识到生男生女是由爸爸妈妈双方的精子和卵子结合而决定的。

"力量与柔韧"是一节体育与性心理健康的整合课，课堂上教师巧妙地将角力的技巧与拔河比赛等体育竞技游戏结合在一起，让学生在竞技的过程中感受到体育比赛的魅力，同时体会到男女性别所带来的差异，从而正确地认识自己与他人，能够客观公正地进行评价。

"红领巾茶社"是在茶艺校本课中渗透性心理健康的一节课，在教学中教师通过角色扮演的方式让学生加以体验，在这一过程中，使学生感受到由于性别的不同所带来的差异。例如，女顾客对花茶、果茶等有养颜美容功效的茶比较关注，男顾客更加在意茶的口感等方面。但是不管各自有什么样的不同，只要我们了解了别人的需要加以调制都能为客人奉献出一杯好茶。

3. 课后调查促课例研究深入反思

专题课或渗透课的实施情况，目标是否达成，有时需要通过课后调查得以反馈和呈现，因此后测成为课例研究的重要环节。通过后测与前测的对比分析，课堂目标的达成、学生的学习效果便能反映出来，这也会为教师的进一步研究分析和反思提供科学的数据支撑。例如，我校侯坤老师在设计"谁决定了我的性别"一课时，在前测时学生多数反映出对决定性别的错误信息，在授课后的调查中，学生对这一内容有了明确的认知，同时学生通过教师的讲解懂得了男孩和女孩在承担的社会角色中起到了同样的作用，一样平等，应互相尊重。从课堂呈现的效果我们看到此节课的设计有其必要性，学生通过课堂学习进一步强化了正确的认知，懂得了男女平等、互相尊重的道理，这也为后面的研究奠定了基础。

（二）在问卷调查中明晰研究成果

问卷调查是我们进行课题结题分析的有效途径，为此在课题结题前夕，我们对四、五年级（原来的三、四年级）的实验班级进行了问卷调查，此次调查共下发问卷 132 份，收回有效问卷 132 份，参与问卷的男生 61 人，女生 71 人。通过问卷统计和分析，我们从三个方面来说明课题研究情况。

1. 交往方面

在本次的问卷调查中，对于男孩和女孩在一起玩的看法中，只有14.89%学生认为这是应该的，有13.82%的学生认为不应该。从这项调查中不难看出，男、女生交往还存在着一些问题，尤其在中高年级学生中还比较明显。首先，还是因为存在着"男女授受不亲"的传统思想，表现为正常的男女交往受到起哄。其次，小学生的异性交往经历了由"两小无猜"式的自然交往到相互忽视、排斥，再到相互吸引的过程。从小学二年级起，男、女学生就已经表现出相互忽视。到了小学中高年级，男、女学生进入青春前期，不仅由于行动上的差异减少了交往，而且又在心理上产生了羞涩感，开始表现出明显的排斥倾向。再次，现代家居形式的改变，特别是城镇，使小学生交往的物质空间和环境受到制约，随着升学压力的加剧，家长往往强化儿童的"学习"意识，淡化儿童的"社交"意识，人为地剥夺了小学生本应获得的"交往"机会，正是主客观条件的限制造成了小学生异性人际交往的不良。

2. 性知识

通过前测与后测的对比，学生对性健康方面的知识从前测的有一些了解，到现在经过一年半的学习，有了一定的提高。例如，男孩与女孩性别的根本区别是生殖器的不同一题，此题选择正确的有68人，占参与调查总人数的72.34%，与前测的42.86%相比，提高了29.48%。在人的出生是因为精卵结合的结果的选项中有80.85%的学生全部答对。通过数据的上涨可以看出，在后期的研究中，我们应更多地因学生的需求解决学生中的问题来开展相关研究，并建立起咨询、个别辅导等方面的服务措施，使学生遇到相关问题时可通过多种途径来解决。

苏联教育家苏霍姆林斯基指出："对于欲望的放纵、自流和不加约束，是一种严重的道德恶习，它不仅给没有接受者本人，而且给社会带来不幸。高尚而美好的愿望，是教育儿童的巨大精神力量。如果丧失了这种美好的精神力量，人就变成了别的动物——而这一点是非常危险的。"因此，我们的任务就在于要在少年的性本能刚刚觉醒之前，就使他们做好了充分的准备。

3. 悦纳

在问卷的数据中，特别是在性别意识方面，无论男生还是女生，有93.62%的学生对自己的性别还是很认同的、接受的，在心理上对自己的性别态度是悦纳的。这些数据都能充分说明开展有效、合理、科学的性心理健康知识及技能的课例研究不但能适应社会发展引发的青少年性与生殖健康需求，更是完善人格、促进身心健康发展的需要。

（三）在案例研究中摸索规律和方法

性心理健康教育在我校已开展有两年的时间，在这个过程中我们一直致力于结合学科教育或专题活动课对学生渗透认同性别、悦纳性别、发扬性别优势及构建和谐人际关系等性心理健康知识及技能方面的内容，并逐渐培养学生有意识地自主探究相关的性常识，培养学生具有健康的性生理知识和积极的性观念，为今后的人生奠定良好的性基础。在研究中，我们除了运用课堂教学的手段，同时也加大了对案例的研究，毕竟案例的研究会使我们更加关注局部，聚焦研究的重点，从而反馈出更加有价值的信息，使课题研究更加科学。

1. 课堂案例研究

我校的课题为"小学三、四年级学生性心理健康教育的课例研究"，为此关注课堂，通过整合、专题、渗透课的实施加强案例研究，是促进我们课堂研究、有针对性地进行课后反思的重要依据，为此我们要求教师在授课中要关注如下几个环节，即过程设计、学生参与的广度和深度、学习效果与目标的达成度、课堂突发事件等。围绕这些内容，教师们在授课中更加注重信息的捕捉，例如，在体育整合课"力量与柔韧"的课堂实施过程中，教师预设的目标是让学生通过游戏体会到男生的耐力更强，女生的柔韧性要好于男生，但在不同的班级授课中却呈现出了不同的结果。针对这一现象，教师也做了分析和反思，同样的授课内容，同样的参与过程，为什么呈现的结果却有分歧，这从某种程度上来说，由于社会影响及家庭影响导致现在的孩子更加具有社会所认同的双重性格，男、女生从性格特点上界限越来越模糊，因此我们在实施性健康教育的过程中要尽量克服性别刻板的意识，培养学生更多健康、积极的价值观，让学生在认同自身性别的同时，也能正确看待异性的特征和心理品质，这样的人性培养才是今后社会更加需要的。当然，在我们的课例研究中，大多数呈现的案例都是性别特点较为突出的，尽管这只是一个特例，但这个特例背后的研究意义和价值必须引起我们的关注。

2. 学生个案研究

除了全员性心理健康教育以外，我们也关注了个别学生的辅导，为此每个实验班的班主任都确立了一位学生作为辅导对象，在这些辅导对象中有因各种原因造成的心理发育不健全或异性交往有问题的学生。例如，四年级小郑，由于父母不在身边导致他情感的缺失，尽管刚四年级他已经对其他班的大队委小洋产生了爱慕之心，为此他给小洋写去了书信表达了对她的欣赏和爱慕，而且还经常在课间时跑上楼去小洋班看她。面对这样的孩子，作为教师我们并没有采取一味的批评和指责，而是采取正面引导，迁移其注意力的方式，帮助他分析同学间应如何交往的方法，经过耐心细致的教育，目前小郑有了很大的转变，他已经能正确看待异性，懂得与异性交往的尺度，这样的转变也使他更能乐观、自信地面对自己、同学和教师。在这个案例中我们看到中年级学生已逐渐进入到了对异性的关注期，他们起初对异性的好感更多是因为异性在各方面的出色表现，如能力强、学习优秀、经常得到表扬等。这也反映出这个年龄段的孩子有一定的价值判断能力，他们的内心更加向善、向优，这也说明大多数孩子都愿意与优秀的学生为友，他们也有着强烈的自尊心和要强心理。所以面对这样的孩子我们要理解他们的想法，正面引导，运用个别访谈、同伴互育或集体共育等形式来帮助孩子正确认识交友和交往的目的、意义和方法，顺利渡过成长中一个又一个关键期。

（四）在研究过程中促进师生发展

课题实施的目的是要通过研究的形式，发现课题的研究价值，通过多种研究的途径，实现课题的研究效果，最终要促进学生和教师的共同发展。为此在历时两年的课题研究过程中，我们也力图通过此项课题，在市级专家的引领下，在兄弟学校研究经验的探讨和分享中，在本校教师的共同学习、实践、反思后让我们更加清晰研究的思路，发现研究的价值，提高研究能力，形成研究成果，促进学生的发展。

1. 学生的发展

学生是课题的受众群体，他们在这两年中通过参与课题的研究，在老师的带领下学习了基本的性健康知识，认识到了自身的性别特点、性格特征，懂得要悦纳自身的性别，尊重他人的性别，认识到如何与异性交往和沟通……这些学习使学生对性知识的了解程度好于课题研究前，对自身成长中生理及心理的特点有了科学的认识。他们从原来不知或认识上有偏差到现在能正确看待；从原来只能在网络、书本或社会上获取的散点式的信息到现在在老师的帮助下有了对性健康知识的较为系统的了解；从原来只愿意和小伙伴沟通这些问题，到现在能主动与老师和家长交流。这些从观念到意识，从行动到能力上的变化，是令人可喜的。我们觉得帮助孩子们从小建立对性的正确认识，树立良好的性道德、性观念，是我们这些教师应该也必须要做的，这会为孩子们健康、快乐的人生打好基础。

2. 教师的发展

课题研究也为教师们的成长搭建了平台，总结、归纳教师们的收获主要有三点：

第一，教师观念的转变。通过学习、培训，在阅读了国内外对青少年开展性健康教育的研究和案例后，教师们越来越意识到这项研究的必要性和前瞻性，他们也由原来避而不谈这一话题到现在能与学生主动沟通，科学分析，耐心讲解，这反映出教师们也在逐步从认知到认同这一内容，接纳并主动地参与到这项研究中。

第二，教师的研究能力也在逐渐提高。通过学习研讨、课堂研究及反思积累，教师们都在摸索着如何通过自己的课堂更好地把性心理知识传授给孩子们，促进他们理解，帮助他们树立正确的观念，形成积极的心理品质。在这个过程中，教师们能依托北京市性教育大纲及学校课题组的实施目标，深钻教学内容，用心设计教学环节，为上好每一堂研究课做着积极的努力。有时为了设计好一堂专题课，教师们要前期做好调查，翻阅相关资料，与同组教师共同研讨方能实施。而整合课和研究课更亦如此，为了选择好整合点或渗透点，教师们要反复研究如何设计这一环节，让整堂教学内容思路清晰，教育点明确。这些研究无不渗透着教师们的教育智慧，而在这一过程中教师们也在成长着、提高着，他们通过课题树立着科研意识，也在提高着自身的育人能力。

第三，教师们在研究中得到了收获。通过这两年的研究，我校张洁和成凯两位老师在宣武区性教育课题研究中展示区级公开课"我从哪里来""'镜子'中的我与他（她）"，其方案被收录在《西城区小学心理及性健康教育科研课题方案成果集》和《北京市中小学性健康教育案例集》中。

侯坤和张洁两位老师在市课题说课大赛中分别获得了一等奖和二等奖的好成绩。侯坤老师作为北京课题组的推荐代表，在全国性教育研讨活动中进行了《谁决定了我的性别》课例说课的展示。侯老师也获得了全国性健康教育说课大赛一等奖、课堂实录一等奖。

我校还承办了西城区性教育课题的结题会，在课题结题会上成凯老师展示了性教育研究课"百分百女生"，获得了专家的好评。我校也有三位老师在区级课题研究中获得先进个人，学校获得课题研究先进单位荣誉。

在中期评估中，我校张洁老师撰写的中期总结获得课题组二等奖，成凯老师的"百分百女生"的说课也获得了说课二等奖。

九、结论

一学期的课题研究，使学生、家长、教师都受益匪浅，我们自己也获得了大量珍贵的一手资料。对近两年课题研究的情况，从以下几方面作总结：

（1）在小学三、四年级学生中开展性心理健康教育是可行的，也是非常有必要的，能够帮助孩子科学、客观地认识自己，并使他们愿意用愉悦的心态去接纳自己与他人、与异性的差异。同时，健康性心理的形成帮助学生能够正确处理交往问题，以及与父母之间、师生之间的关系，逐步建立起和谐融洽的氛围。

（2）通过性心理健康的研究，促进了学生良好性观念的形成，初步培养学生具有良好的性道德，使学生在面对成长中的性生理及性心理问题时，懂得用积极的态度去看待，用正确的方法去处理，进一步培养学生自我保护的能力，为学生今后的成长与发展奠定了一定的基础。

（3）在研究过程中，通过教师们的积极探索和实践，课题组的教师们也总结了在实施性心理教育中的有效方法，例如，游戏体验、绘本教学、实验研究、角色扮演、情景设置等。

十、研究的局限性及有待进一步研究的问题

（1）由于参与课题的教师与学生有限，使得一些研究的数据显得过于单薄，同时研究人员和学生存在着流动性，影响了课题的延续及开展。建议如果可以与周边学校进行联合研究，会使数据更加充分，研究成果更加丰硕，此外也希望在课时方面得到有效的保障，使研究人员相对固定。

（2）此次研究虽然是以大纲为依托，但是由于目前只有大纲而缺乏比较规范系统的教材，教师在开展研究时还承担着开发教材的责任，教师所开发出的教材是不是科学合理，教材内容的深度与广度是否适合授课对象，也有待探讨。除此之外，我校本次参与的课题内容具有阶段性的特点，仅以三、四年级学生作为研究对象也使研究存在一定的局限性，建议在新的研究中，应覆盖到全校的每个年级。

参考文献

[1] 张玫玫教授个人博客。

[2] 北京市中小学性教育大纲实践研究课题组. 北京市中小学性健康教育大纲（讨论稿），2010.

[3] 家长们如何面对青少年性发育提前. 青少年教育网. 2011. 9. 13. http：//www. teenagert. cn/Parents/fumubidu/2011/0913/2017. html.

青春期健康教育是每一个孩子的必修课

——北京市某小学高年级学生青春期性健康教育现状分析

北京市羊坊店中心小学　栾红艳

青春期健康教育主要是通过对 10～24 岁的青少年进行青春期健康教育，提高他们性生理、性心理与生殖健康知识水平，增强他们健康意识和自我保护能力。青春期是人体生长发育的一个特殊时期，是生理发育的第二高峰期，是性的朦胧期和成熟期，它必然给青少年带来心理的波动。当前青春期的性问题、性健康教育已受到国际上的普遍关注，中国社会科学院社会学所陈一筠教授指出，对学生的性教育要在青春期到来之前，即小学阶段开始。目前，我国青少年青春期教育实践还处于初步探索阶段，日益开放的社会和东西方价值观的冲突，使我们的性健康教育面临着严峻的考验。实施科学的、符合青少年心理发展规律的性教育，则成为摆在我们面前的一个亟待解决的重要课题。本研究旨在了解小学高年级学生青春期健康知识的知晓现状，为进一步探索有针对性地在青少年中开展青春期健康教育提供依据。

一、研究的对象和方法

（一）研究的对象

从某小学随机抽取 4～6 年级学生 398 人为调查对象，年龄 10～14 岁，其中男生 226 人，女生 172 人。

（二）研究的方法

采用自设青春期健康知识调查问卷，内容包括：学生的一般情况及青春期生理变化、青春期健康基础知识、学生对青春期自身生理变化的态度、学生生殖健康知识获得途径等。以该试卷分别对男、女生进行问卷调查，调查采取无记名自填式答卷方式。实发问卷 398 人份，收回有效问卷 394 人份，有效率为 99.0%。

二、结果

（一）一般情况

所调查 394 人中 4 年级 126 人（32.0%），5 年级 135 人（34.3%），6 年级 133 人（33.7%）。女生已经有月经来潮的 38 人，占被调查人数的 22.1%；男生已经出现首次遗精的 35 人，占被调查人数的 15.5%。

（二）学生对青春期健康基础知识的了解

调查显示，对于青春期健康知识的回答，学生总体正确率为 40.2%；对"胎儿是在母亲子宫里生长的"题目回答正确率最高，为 90.8%，而对于如"女性月经初次来潮后，如果发生性行为就有可能怀孕"一题的回答，正确率仅为 15.6%；且从男女生对比来看，女生对青春期健康基础知识回答的正确率普遍高于男生。

（三）对青春期生理变化的态度

在被调查的学生中，对自身青春期的身体发育感到不安、烦躁或害羞的，男生有 86 人，占所调查人数的 38.1%，女生有 79 人，占所调查人数的 45.9%。

（四）青春期性健康知识获得途径

调查显示，学生获取青春期健康知识主要途径排前 3 位的分别为通过家长（50.5%）、影视报刊（25.1%）及老师和同学（19.1%）。男女生在获取生殖健康知识的途径上略有差别，男生占前 3 位的是家长（40.6%）、影视报刊（28.2%）、老师和同学（19.3%）；女生排在前 3 位的则是家长（56.5%）、影视（21.7%）、老师和同学（18.6%）。

（五）学生对青春期性健康教育的需求

对"认为学校开展的青春期健康教育有帮助"持肯定态度的，男生有 126 人，占所调查人数的 55.8%；女生有 136 人占所调查人数的 79.1%；而认为青春期健康教育有必要、有需求，男生有 120 人，占所调查人数的 53.1%；女生有 128 人，占所调查人数的 74.4%。

三、讨论

从总体水平看，对于问卷中青春期健康知识部分，学生回答的正确率总体水平不高，对"女性月经初次来潮后，如果发生性行为就有可能怀孕"一题的回答，正确率仅为 15.6%，尤其男生对于青春期健康知识回答正确率普遍低于女生。对生殖健康知识需求的态度，调查显示学生认为生殖健康课对他们不但有帮助而且还很重要。这表明目前小学生对生殖健康知识掌握得不够全面，同时对青春期健康知识又极为渴望，这种情况下如果缺乏对他们的正确引导，其内心的疑惑得不到解答，又羞于启齿询问，这些由性发育带来的困扰，就会影响学生正常的学习和成长，影响他们身心健康发育。这里我们不仅要关注女生，同时更应该关注青春期男生的生理、心理发育状况，因为调查结果表明，男生对青春期性健康知识的掌握不及女生，而对自身青春期身体发育感到不安、烦躁或害羞的比例又显然超过女生。此外，调查还显示，按年级区分，对青春期健康知识的掌握随年级递增呈逐渐增高趋势，说明我们应根据不同年级、不同性别的学生的发育情况，有针对性地、适时地对学生进行青春期的健康教育，对于不同年龄、不同性别的学生，教师及医务工作者应采取不同形式的青春期生理及心理的健康教育。

调查显示，目前小学生中获得生殖健康知识途径主要是通过家长（50.5%）、影视报刊（25.1%）及老师和同学（19.1%），说明现阶段我国从事性教育的人才匮乏，目前教师、医务工作者的指导通常是个别的且受到一定的局限，尚不能起到普及青春期健康教育的作用，如果我们不很好地占领学校这块教育的阵地，帮助学生建立正确的价值观和正确的生活态度，使学生能从教师处得到正确的青春期健康知识，那么学生就很容易受社会上的黄色书刊、录像的不良影响，所以我们要把健康教育更加规范化，增强科学性。我们应该借鉴国外的先进理念，重视对小学生的青春期健康教育和专职教师的培训，加强小学生的青春期健康教育。

当代社会，青春期性生理发育由迟缓变为超前，性意识由封闭趋向开放，使得性成熟前倾和社会性成熟滞后的矛盾冲突更加明显。但是，仅仅把青春期的这种矛盾冲突看做是"险关""危险期"是十分片面的，实际上这正是开展青春期性教育，促进学生性健康发展的良好契机。而学校设置专门课程又是进行青春期性教育的最佳选择。因为在现代社会，个体的青春期主要是在学校渡过的，学校教育具有家庭、社会所无法具备的系统性、计划性、组织性，这是家庭和社会教育那种自发的、偶然的教育行为难以比拟的。专门设置的课程能够集中、突出、充分地体现和发挥学校教育的优势。然而，由于过去学校课程设置未能很好定位，学校课程开设状况未能充分发挥"学校是进行青春期性教育的主渠道"的作用，因而导致了中小学生性生理、性心理发育与青春期性教育滞后的反差。所以笔者认为，学校设置青春期性教育课程是青少年了解和把握自己、获得完整的教育的需要，是使社会健康、稳定发展的需要。青春期性教育课程设置可以较好地起到以下几方面的作用：

第一，帮助中小学生解决性生理发育的困惑。每一个步入青春期的少男少女对自身的发育变化都有疑惑不解的问题。通过科学的性知识教育，能使中小学生正确地认识自身的性心理发育，解决由此产生的性困惑和性疑虑，促进其性健康成长。

第二，及时消除中小学生青春期的性心理障碍。大量的观察表明，进入小学高年级，学生性心理冲突明显加剧，约五分之一的小学生有心理异常表现。若能早些对小学生进行青春期性教育引导，促使其对自身存在的性心理矛盾和冲突进行自我调节，就可能使性心理困扰在萌芽中得到消除或缓解。

第三，促进中小学生树立正确的性道德观。由于涉世不深，中小学生对社会文化和世态人情信息的接受选择能力很差。对于改变社会大环境，学校不能直接发挥作用，但可通过教育，特别是开设青春期性教育课程，培养中小学生抵制外来诱惑的能力，使其树立起正确的性道德观。而正确的性道德观可以影响到学生未来恋爱、婚姻和幸福家庭的组成，这些恰是社会主义精神文明建设不可缺少的部分。

青春期性健康教育是一门科学，性知识同语文、数学一样都属于科学知识，开始时间的总原则是：一定要在性发育之前，让孩子接受性教育。这一时期所受到的有关性的正确科学的教育，无疑将影响他们的一生。

小学高年级学生"青春期性健康教育"

北京市海淀区上地实验小学　孙亚静

一、研究的背景

2004 年 1 月 2 日上午，北京出版社举行了《藏在书包里的玫瑰——校园性问题访谈实录》研讨会。著名教育专家孙云晓与张引墨采访了 13 位发生过性关系的中学生写成此书，该书至少讲述了五个事实：①这些学生半数以上是师生公认的好学生；②他们三分之一来自重点中学或声名显赫的学校；③他们初次发生性行为时 100% 不用安全套；④他们有过性行为的事实其父母与教师 100% 不知道；⑤他们对学校和家庭的性教育 100% 不满意。这三个 100% 让我陷入了深深的沉思：是我们的教师没有能力教？是我们的学生不想听？还是我们的父母无所谓？不！是我们没有真正地正视这个看似还没有到时候的问题。青春期性教育不是挂在嘴上就行了，需要我们去践行，去努力付出，去正确引导。

现代物质文明的进步、精神文化生活的丰富、大众媒体和网络的普及使我们的学生进入青春期后处于前人所未曾经历过的生活环境，面临着前人不曾遇到的困难和问题。如今学生性成熟年龄提前，而受传统文化影响，无论在学校还是在家庭公开、坦诚地向孩子传授性知识仍存在诸多障碍，社会上的丑恶现象的泛滥，传播媒体和网络上的淫秽之作的扩散，伪劣的性意识像细菌一样在迅速传播，使学校开展青春期性健康教育已成为义不容辞的职责，并且变得相当迫切。对青少年进行青春期性健康教育，这是以人为本教育价值观的体现，是人文关怀的载体，是一件关系到人一生生活质量的大事，是教育部门义不容辞的责任。在全面推进素质教育的今天，开展青春期性健康教育是实施素质教育的重要途径，学校青春期性健康教育与素质教育均是以"全面贯彻党的教

· 50 ·

育方针，以提高国民素质为根本宗旨"，以造就"有理想，有道德，有文化，有纪律"的德、智、体、美等全面发展的社会主义建设者和接班人为目的。学校青春期性健康教育通过对学生传授性科学知识，进行性保健教育，提倡性健康，弘扬性文明，培养学生健全的人格，促进素质教育。1988 年 8 月，国家教委和计生委联合发出了《关于在中学开展青春期教育的通知》。1996 年、1998 年又发出了《关于开展和加强青春期教育的通知》，明确要求学校开展青春期性健康教育。

学校开展青春期性健康教育是学生身心发展的必然要求，进入青春期，学生的性器官逐步发育成熟，出现了男性和女性的第二性征，生理和心理发生急剧的变化，进入身心发展的"暴风骤雨的时期"。面对着许许多多的问题，越来越多的学生表现出焦虑的烦恼，他们渴望及时得到相关问题的解答、指导和帮助，同时他们的独立意识、性意识和性情感开始萌芽。他们渴望与异性交往，希望了解性知识，同时当他们陷于迷惑、焦虑或冲动之中，常出现行为偏差，成为"危险人群"。在整体的教育体系内，性健康教育仍然是教育的盲点，在应试教育的大环境下，性健康教育处于可有可无的地位，课程设置中唯一涉及相关知识的只有初三的"生理卫生"，且介绍的也只是简单的生理发育知识，没有涉及性伦理、性心理等重要的内容。学校开展青春期性健康教育已变得迫在眉睫，学校青春期性健康教育就是要在学生性本能刚刚觉醒之际，就让他们的理智做好准备，帮助学生提高性阈限能力，形成正确的性伦理道德观，保持性生理和性心理的健康。在学生中，许多同学性卫生知识缺乏，存在不良的性卫生习惯，产生了许多的性卫生问题，还有许多同学有早恋现象，存在诸多的青春期问题。许多家长文化程度低，对青春期性健康教育缺乏正确的方法，甚至一无所知，使许多家庭的青春期性健康教育处于缺位状态。作为教育的主要阵地，学校开展青春期性健康教育责无旁贷。这些引起了我们的高度重视。根据教育部和国家计生委的通知精神以及《中华人民共和国未成年人保护法》，我校把学生的青春期性健康提到了议事日程，由班主任老师、体育保健老师担任主导者，对学生循循善诱。

二、研究的内容

研究对象是小学五、六年级的全体学生，既注重面向全体学生群体普及教育，又针对个别案例的咨询辅导。由各班班主任通过家访、学生座谈、问卷等形式进行摸底调查，深入了解学生青春期生理、心理发育情况及存在的问题，并对调查情况进行综合分析，确立重点对象。

三、研究的主要方法

（1）课堂讲授法：开设青春期性健康教育课程，进行群体普及教育。

（2）个别咨询法：设立心理咨询室、咨询信箱等进行个别心理辅导。

（3）案例剖析法：利用报刊、杂志上和周围发生的典型事例对学生进行性道德教育。并结合运用调查法、观察法、行为纠偏法等方法。

四、研究的实施过程

（一）转变观念，营造氛围

学校成立专门的课题组，由专业保健老师和班主任老师组成。在全校师生中，特别是课题组内转变观念，统一认识：开展青春期性健康教育是神圣的、科学的，是全面推进素质教育、提高民族素质，促进社会主义精神文明的一项重要任务。通过各种途径，大力宣传，营造文明科学的性文化学习环境。同时，通过家长培训、家访座谈等形式广泛听取家长的意见，取得家长的大力支持。加上区委宣传部、区计生委、妇联、教育局、卫生局、共青团的领导和重视，使学校、家庭、社会内外结合，上下联动，形成良好的教育氛围。

（二）健全制度，规范教育

学校高度重视，领导亲自参与，根据课程实际，科学排课，每周每班开设一节性健康教育课，并坚持青春期性健康教育与班主任的日常教育相结合，形成"班本位"的青春期性健康教育模式。

（三）面向全体，精心施教

"素质教育的第一要义是面向全体学生"，青春期性健康教育作为素质教育的重要组成部分，必须面向全体学生。在具体教育过程中，主要形式是运用课堂讲授，进行群体教育。根据不同性别、不同年龄进行分班交叉教育。在课堂上，充分发挥学生的主体作用，鼓励学生充分参与，创造民主、和谐的课堂氛围，采用分角色表演、小组讨论、辩论及丰富多彩的多媒体教学激发学生的学习兴趣，让学生在轻松、活跃的气氛中受到有益教育。

课堂教育的主要内容以性道德、法制教育为核心，以性生理、性心理、性卫生保健教育为基础，实用、科学地向学生介绍男女的生殖构成、第二性征及性卫生保健知识，让他们了解必要的性生理知识，培养良好的性心理，具有良好的性观念，形成健全的人格，树立起积极向上的人生观。课堂教育根据学生的年龄和性别特征，坚持适时、适度、适量的原则，确定重点。

五年级以青春期的生理卫生知识、自我保健、自我保护为主，向学生介绍男女生殖器构造和功能、第一性征和第二性征、女孩的月经、男孩的遗精、性反应的特点、性卫生保健知识。教育学生要自我保护，要理智拒绝异性的利诱，识辨异性的挑逗，不进入不适宜的场所。

六年级以生理知识为基础，进一步让学生掌握性心理特点，树立正确的性观念。加强性冲动的辅导，重点是早恋的自我评价。当前，早恋是人们广泛关注的社会问题，在一定程度上给学生带来了影响。在教育中，动之以情，晓之以理。既让学生认识到早恋的危害，又让男女学生互相尊重、平等相待、友好相处。用正常交往破除他们的性神秘感，教育学生积极向上、自尊自爱。

（四）关注个例，教育干预

针对不同的个体在生理和心理上存在的个性差异，关注个例，开展心理咨询和辅导，引导学生走出心理困境。

学校设立心理咨询室和心理咨询信箱，心理咨询室内购置必要的仪器设备，订阅性健康教育方面的专业期刊，还专门放置鲜花、播放音乐，为心理咨询创造良好的环境。每天中午为学生提供预约心理咨询，同时，不定期地为学生、家长提供来电、来人来信的心理咨询。

1. 咨询情况

从 2009 年 10 月至 2010 年 6 月的两个学期，共接待咨询 51 人次，其中家长 16 人次，学生 35 人次，（包括男生 14 人次，女生 21 人次。其中五年级 14 人次，六年级 21 人次）。

2. 咨询内容

（1）学生青春期生理问题。例如，女生初潮后几个月不来月经，是否身体有疾病。

（2）两性间交往、情感及早恋问题。例如，一位初一女生喜欢上一男生，原因是一次同学请客，这位男生对她非常关心，让她多吃东西，有利于长身体。她听后很感动，于是，她经常去找他、约他，可男生并不喜欢她，这种因对异性好感的概念在心理上产生的误会而导致的烦恼和困惑非常普遍。

（3）性卫生保健方面的问题。例如，女生的经期卫生，男生包皮、包颈的治疗等。

（4）日常生活中的性冲动、性困惑。例如，浏览色情网站、观看色情书刊和 VCD 以及自慰产生紧张和焦虑。

在心理咨询过程中，在强调来访者主动咨询的同时，对于有问题却不来咨询或者没有意识到的情况进行主动干预，主动与之接触、谈心，寻找问题的症结进行矫治。

（五）拓宽渠道，提高成效

在青春期性教育的实践中，除开设性健康教育课程和开展心理咨询外，还需多渠道并进，全方位展开，以形成教育合力。

（1）利用校园广播宣传窗、校报、班报对学生进行性健康教育，帮助学生解决性健康问题与困惑。校内组织性知识竞赛，对学生进行性健康教育。

（2）通过红领巾广播电台的阳光直播室，开通性健康教育的心理热线，为广大青少年同学架起青春期性健康心理的彩桥。对同学们的种种困惑，"心病"加以辅导。帮助同学们消除心理障碍，积极地面对学习，面对生活。

（3）与区防疫站联合，对学生进行一系列的预防和控制艾滋病的宣传教育。

1）给每位同学发放一本《预防和控制艾滋病》的小册子，使学生对什么是艾滋病以及艾滋病的传播途径、危害等有一定的了解。

2）在校内进行有关"预防和控制艾滋病"图片展览，通过生动逼真的图片，让学生对艾滋病有一个更感性的认识。

3）邀请专家在学校开设预防和控制艾滋病讲座，解答学生提出的有关问题。

五、实施效果的剖析

（1）学校、社会、家庭对青春期性健康教育有了正确的认识，引起了高度重视，课题组实践并探索初中生性健康教育的有效途径和实施原则，初步建立青春期性健康教育的学校目标系统和长效机制。

课题组在实践中不断总结，探索出按对象（年龄、性别）适时、适度、适当的原则，正面启发的原则，群体普及教育和个别咨询指导相结合的原则，坚持预防为主、注重发展的原则等。同时，在实施过程中，课题组对青春期性健康教育的有效途径开展实践，如课堂教授、个别咨询、案例分析、教育展览等方法。

（2）开展青春期性健康教育系列研究和实践活动，学生、家长、青春期性健康水平得到了很大程度的提高。

课题组通过书面测验，家长、学生对青春期性知识的掌握程度的测试结果：家长合格率达88%，学生合格率为90.1%。个别学生的生理问题和心理困惑得到及时解决和疏导。从学生的座谈中了解到，学生意识到学校青春期性健康教育的重要性和必要性。同学们都说："我们很喜欢上这门课，课堂上讲的内容都是我们在日常生活中所遇到的问题，并且现在能自己处理了。"

对早恋及时发现，及时采取措施，使早恋现象得到了控制，数量有一定的减少。绝大多数同学能够与异性互相尊重，平等相待，友好相处，以良好的精神状态投入到学习和生活之中。

六、我们的思考

（1）青春期性健康教育是终身教育，是循序渐进的指导过程，贯穿于学校、家庭、社会等各方面的教育系统工程，也是一个随着教育者年龄不断发展的再社会化过程。

学校除了将青春期性健康教育列入必修课程，还需进一步加大力度，使其更规范、更系统。特别要重视培训专业的师资，将培训青春期性健康教育师资队伍工作列入学校教育发展和优化师资队伍的总体规划。进一步优化家庭和社区环境。家庭是学生成长和接受性启蒙的地方，父母及家庭成员对待性的言行举止对孩子是无声的示范，起着潜移默化的作用。因此，需要成人做好表率，并且多学习关于青春期性生理、性心理的知识，准确指导孩子青春期性健康教育。改善文化环境，整顿学校周边文化市场。对于社会，一方面要做好社区教育，社区是现代文明社会的生命细胞，要加强在社区环境中的各种性健康服务与咨询及相关机构建设，如青少年之家、少女之家、青年中心、开办展览，为社会青少年提供一系列重要的性健康教育渠道，具有重要意义。社会和学校通力合作，提倡健康向上、丰富多彩的社区，创设并形成健康活泼的居住环境、人文环境，有益孩子的身心健康。

（2）青春期性健康教育的重点在性心理、性生理教育的基础上，将重点置于性的伦理道德、法制、情感、审美、人格等素质的培养上。

从人格成长的角度看，青春期又是一个自我觉醒、自我发展、自我完善的时期。不仅一个人的身体、知识、才干的增长要在青春期打好基础，而且其行为、习惯、性格、兴趣、爱好以及人生观和世界观也在这一时期逐步形成。青春期教育是针对青少年进入青春期生理和心理的特点进行的。从总体上说是人格教育、人生观教育、思想道德教育、爱国主义教育、遵纪守法教育、性知识和性道德教育等方面的综合教育，从而培养健康的人格。

参考文献

［1］ 吴阶平. 开展青春期性知识和性道德的教育刻不容缓. 性学，1998（1）.

［2］ 徐天民. 性健康教育学绪论. 中国性科学，2001（1）.

在小学高年级性健康教育中
应用同伴教育的研究

北京市航空航天大学附属小学　张晓燕

一、研究的背景

性作为一种本能及生命延续的手段，贯穿着人类历史发展的全过程。随着现代社会文明的进步、全球经济日益一体化，世界各国的相互交往日益频繁，同时艾滋病等性传播疾病在世界范围内的蔓延和人们受到所谓性解放、性自由等思潮的影响，性的社会属性显得日益重要，"性"不再只属于个人，它关系到他人及全社会。可以说性作为衡量文明的标准，体现着社会的文明程度。因此，每个公民掌握必要的性健康知识，对促进个人成长、家庭幸福和整个社会的文明和谐都会起到非常重要的作用。

1980 年，世界卫生组织确定 10~20 岁为青春期，这是人一生中最活跃的时期，既是性开始发育并逐渐成熟的时期，又是性问题困惑最多的时期。学校在这一时期进行性健康教育就显得尤为重要。国内外心理学家将青春期的性心理发展分为四个阶段，即异性疏远期、异性神秘期、异性爱慕期、异性恋爱期。小学高年级学生开始步入青春期早期，在这一时期，男女生都开始关注异性，但这种关注往往不是以积极肯定的态度出现，而是以男女生之间对抗的方式表达出来，即"异性疏远期"。这个阶段的主要问题是由于萌生的性冲动给自身带来的罪恶感，即性发展与传统伦理观念的矛盾冲突。学校性健康教育解决这些矛盾冲突的水平，将直接影响学生以后的性观念、性准则、性心理、性道德的发展和形成。因此，在小学高年级进行性健康教育势在必行。

由于如何与异性交往这一问题对学生来说十分敏感，而老师和学生之间年龄差异较大，沟通存在一定难度，传统的以老师为中心的方法可能导致学生很难表达自己真实的想法，而选取乐观开朗、热情积极、有影响力、与同伴保持零距离的心理委员担任教育主体，传递积极有效的信息进行青春期性教育的方式是非常受欢迎的，因此，运用同伴教育在小学高年级进行性健康教育是必需的，也是可行的。

二、国内外性健康教育研究概况

瑞典是世界上第一个推行青春期性教育的国家。早在 1933 年就成立了全国性教育协会。1942 年就在义务制学校中开展了性教育，获得了十分显著的成效，如性病的患病率下降、妇女堕胎率极低等。除瑞典外，丹麦、日本也先后开展了青春期性教育，但日本在学校开展的性教育进程比较缓慢，对性教育达不到普及的程度，导致日本未成年人性犯罪近年来有增加趋势。在美国、英国这些国家，青少年在性问题上较为开放，这导致了道德的堕落和性方面的混乱，美国在如何实施性教育上主要有两派意见，一派是以"安全性行为"为综合教育目标，另一派提倡以品德为基础的"节育"的性教育。目前，实行"综合教育"的公立学校仍然占绝大多数。

在我国，性教育隐晦、腼腆、保守，家庭中父母对"性"讳莫如深或避而不谈。学校性健康教育也严重不足，可以说是几近空白，大多数中学生、大学生的性知识都很贫乏，导致未婚先孕、少女多次人流的现象日益增多，而儿童期作为人一生中性道德形成的萌芽时期，其性健康知识的正确教育和引领将关系到人一生的健康和幸福。刚刚步入青春期的小学高年级学生对性的认识表现在人际关系上，就是男女生交往方式与小学低年级相比有了很大的变化。因此，对小学高年级学生开展性健康教育具有十分重要的意义。

三、同伴教育的定义和特点

同伴教育（Peer Education）模式是 20 世纪 70 年代末由英国学者提出并在世界范围内发展的一种同伴互助式健康教育方式。其理论基础是青少年可能更愿意听取同龄人的意见和建议而不愿意接受成年人的说教，特别在一些敏感问题如性、吸毒、吸烟、意外伤害等问题上表现更为明显。同伴教育在我国经过近十几年的发展，已经成为一种在社会发展领域内广泛采用的方法，尤其在对青少年防治艾滋病的宣传上成效显著。具体实施办法是首先对有影响力和号召力的青少年（同伴教育者）进行有目的的培训，使其掌握一定的知识和技巧，然后再由他们向周围的青少年传播知识和技能，甚至向更广泛的范围传播，以达到教育的目的。有研究表明，青少年获取性信息的来源是同伴（占40%）、父母（占23%）、学校中的性教育课程（占9%）、其他（28%）。由此可见，恰当的同伴教育可以是性教育的最有效途径。国内外已经发展出很多性教育的课程和操作手册，我国可以根据中国国情和青少年的心理生理特点，加以本土化、改进和创新。

由于小学高年级学生如何与异性交往这一问题十分敏感，而老师和学生之间年龄差异较大，沟通存在一定难度，传统的以老师为中心的方法可能导致学生很难表达自己真实的想法，而采用同伴教育的方式，老师事先与同伴教育者充分沟通达成共识后，由同伴教育者为主体，引导学生间平等沟通，传递积极有效的信息，可能会达到更好的效果。

四、同伴教育在小学高年级的应用

小学高年级学生步入青春早期，性意识开始萌芽，对异性充满好奇，但在行为表现上却对异性排斥，这一时期称为"异性疏远期"，造成小学生意识与行为差异的主要原因是由于萌生的性冲动给自身带来的罪恶感，即性发展与传统伦理观念的矛盾冲突。本课题以"同伴教育"为切入点，以"如何与异性交往"为教育主题，帮助学生走出与异性交往的误区，确立正确的性观念。本研究以北京航空航天大学附属小学四到六年级学生为对象，对同伴教育在小学性健康教育中的应用进行了研究。

（一）同伴教育的应用方式

本研究的主要观点是在"如何与异性交往"这一主题上，利用青少年往往愿意听取年龄相仿、知识背景、兴趣爱好相近的同伴、朋友的意见和建议的特点进行同伴教育，往往能收到传统的教育不能达到的良好效果。但在应用方式上应注意以下几点

1. 同伴教育者的选择

在以班级为单位进行同伴教育时，"同伴教育者"的选择尤为重要，要选择在班级中有较高影响力、较高威信、思想成熟于同龄人、知识面广泛、表达能力强的人来承担，会使教育的效果更好。

2. 心理健康老师的角色定位

在同伴教育中，教师从传统的主导地位变成辅助地位，而整个讨论的引领者是"同伴教育者"，但是教师在整个教育过程中仍然担当着非常重要的作用。因为小学高年级学生思想还很稚嫩，对问题看法还不够全面成熟，如果完全由"同伴教育者"主持教育过程将很可能使讨论走向极端、很难完成任务。因此，在讨论前，心理健康老师要对"同伴教育者"实施正确的教育，并了解学生的普遍想法，才可能达到充分沟通，解决学生"如何与异性交往"这一困惑的教育目的。

3. 寻找话题切入点

同伴教育可以以小组为单位，也可以以班级、年级为单位开展。而"如何与异性交往"是一个较"大"的题目。所以，在讨论时寻找话题的切入点显得尤为重要。心理健康老师可以和班主任合作，了解班级存在的问题，共同寻找话题的切入点；或者事先设计好与讨论相关的调查问卷，了解学生的普遍想法，从中寻找切入点。

（二）具体研究方法

1. 研究对象和分组

实验组：以班级为单位、以心理委员为主体、以心理健康老师和班主任为辅开展"如何与异性交往"的系列同伴教育活动，形式包括班会、小组讨论、黑板报等。在每次不同主题的同伴教育后，心理委员及个别特殊学生（对这一主题困惑特别大的）在心理健康老师的指导下，写成感想和体会汇成案例集，对其他班级或同龄的学生，又将起到放大的"同伴教育"的作用。

对照组：以班级为单位，以传统的教师授课为主要形式开展"如何与异性交往"的系列教育活动，形式包括班会、小组讨论、黑板报等。

在活动前需要事先调研了解学生的真实想法与困惑，这样才能有的放矢地确定讨论主题并客观地评估同伴教育后对学生起到的作用与影响。

2. 培训心理委员

为了心理委员能胜任"同伴教育者"的角色，心理健康老师将对心理委员进行一系列的培训：

（1）性知识培训。心理健康老师主要针对青春期学生的心理、生理特点及困惑进行专题培训，并且使用沙盘游戏等方式增强心理委员之间的沟通与协作。

（2）讨论式培训。针对具体班级出现的具体情况，心理健康老师、大队辅导员与心理委员进行小组分组讨论，互相支招。对于一些实际的问题，学生的办法往往会比老师要多得多。

（3）同伴教育技能培训。讲授和培训同伴交往、讨论、教育的相关技能。

（三）开展性健康教育活动

心理健康老师根据不同性健康教育主题，与心理委员商量设置不同的方式对相关知识进行呈现，其呈现形式有交流引导、成长体验、小组讨论学习、辩论赛、情景剧表演、手抄报展示、沙盘游戏、班会探讨、圆圈时间等。

在每次不同主题的同伴教育后，心理委员及个别特殊学生（对这一主题困惑特别大的）在心理健康老师的指导下，写成感想和体会汇成案例集，对其他对照班级或同学起到放大"同伴教育"的作用。

（四）同伴教育成效评估方法

1. 评核知识

通过问卷调查，评估学生学习和了解异性交往知识的情况。

2. 评核技巧

评核学生在沟通、判断和解决问题等方面的技巧。教师可凭直接观察衡量学生对这些技巧的掌握程度。

3. 评核态度

评核青少年的价值倾向，以及他们对环境与价值的反应。

4. 评核方法

（1）知识考核：利用多项选择题、是非题、自由发挥问答题、分级评价等形式编写问卷，调查学生对于性方面知识掌握状况。

（2）角色扮演：教师可探索得到学生对于某些性问题所抱的态度，以及他们在这方面的理解和分析能力，亦可以了解他们的情绪、反应、思想、行为和价值观。

（3）学生对同辈的评价：让学生就同辈给予评价，可反映出他们的人际关系、对他人的关注及尊重程度、行为等。

（4）自我评价清单：这是一种自我评价的方法，旨在引起学生的兴趣，显示出性教育课程给了他们多少指引。

（本课题研究所用的调查问卷见文后附录）

五、性健康教育课题的应用效果

本课题所采用的同伴教育方法在我校高年级性健康教育的应用中已经起到了良好的效果。通过应用同伴教育，学生不仅对同性的性别角色有了深入的认识和悦纳，同时还能积极主动地欣赏和接纳异性同学，班级风气有了极大转变，男女生性别角色和矛盾不再显现和突出，增强了班级凝聚力，同时，在与教师和家长交往上出现良性互动。同伴教育作为性教育的一种方式，是关系到学生终生健康和未来幸福的奠基性工作，这项工作值得深入开展下去，让孩子们健康快乐成长。同伴教育作为小学高年级性健康教育工作的一种重要方法值得普遍推广和广泛应用。

六、研究后的思考

同伴教育在小学高年级性教育中起到的作用非常明显，但是在研究过程中，研究者也发现学生同伴的选择、青春期知识的传授、同伴关系的培养、教师对青春期知识的认识和对学生的引导，都应做到十分谨慎。教师对学生情况、班级风气和性知识尺度的把握要全面，并根据不同情况酌情选择教育方式和教育内容。否则，稍有差池，也许研究效果会有所改变，甚至适得其反。

参考文献

［1］渠淑坤. 青春期性心理健康与咨询. 北京：中华工商联合出版社，2008.

［2］吴来苏. 性伦理学. 北京：中华工商联合出版社，2008.

［3］关蕴良，赵勇. 同伴教育在营养宣教中的应用. 医学教育探索，2009（4）.

［4］Janet S. Hyde and John Delamater. Understanding Human sexuality. McGraw-Hill Companies，1997.

［5］The Washington State Department of Health and The Office of Superintendent of Public Instruction *Guidelines for Sexual Health Information and Disease Prevention*，2005.

［6］学校性教育指引（香港课程发展议会论文）. 香港教育署，1997.

附录一　性健康教育学生和家长调查问卷

（一）北航附小四年级性健康教育问卷

北航附小四年级成长教育学生调查问卷

1. 你的性别是：＿＿＿＿＿＿＿＿

2. 作为男孩，你最自豪的是：

＿＿＿＿＿＿＿＿＿＿＿＿＿＿＿＿＿＿＿＿＿＿＿＿＿＿＿＿

3. 作为女孩，你最自豪的是：

＿＿＿＿＿＿＿＿＿＿＿＿＿＿＿＿＿＿＿＿＿＿＿＿＿＿＿＿

4. 作为男孩，你最不自信的是：

＿＿＿＿＿＿＿＿＿＿＿＿＿＿＿＿＿＿＿＿＿＿＿＿＿＿＿＿

5. 作为女孩，你最不自信的是：

＿＿＿＿＿＿＿＿＿＿＿＿＿＿＿＿＿＿＿＿＿＿＿＿＿＿＿＿

6. 作为男孩，你喜欢和什么样的女孩交往？

＿＿＿＿＿＿＿＿＿＿＿＿＿＿＿＿＿＿＿＿＿＿＿＿＿＿＿＿

7. 作为女孩，你喜欢和什么样的男孩交往？

＿＿＿＿＿＿＿＿＿＿＿＿＿＿＿＿＿＿＿＿＿＿＿＿＿＿＿＿

8. 如果和男孩/女孩一起玩，你们会玩什么游戏？

＿＿＿＿＿＿＿＿＿＿＿＿＿＿＿＿＿＿＿＿＿＿＿＿＿＿＿＿

9. 你心目中的爸爸妈妈是什么样的？

＿＿＿＿＿＿＿＿＿＿＿＿＿＿＿＿＿＿＿＿＿＿＿＿＿＿＿＿

10. 你不喜欢什么样的爸爸妈妈？

＿＿＿＿＿＿＿＿＿＿＿＿＿＿＿＿＿＿＿＿＿＿＿＿＿＿＿＿

北航附小四年级成长教育家长调查问卷

家长您好：

我校是北京市性教育课题试点学校，咱们班准备开展这方面的初步尝试，在此征求您的意见，欢迎您提出好的建议，谢谢！

1. 开展性教育，您的态度是：

_____

2. 开展性教育，您的担心是：

_____

_____

3. 在性教育方面，您的困惑是：

_____

_____

4. 在孩子性教育方面，您的经验和做法是：

_____

_____

5. 班级开展性教育，您的建议是：

_____

_____

_____

（二）北航附小五年级性健康教育问卷

北航附小五年级成长教育学生调查问卷

1. 你对青春期的认识是（   ）
   A. 长大了，羡慕   B. 身体、心理都会发生微妙变化
   C. 会长青春痘，害怕   D. 我还小，不太明白
2. 你心底的秘密愿意告诉给（   ）
   A. 妈妈（爸爸）   B. 我最好的朋友

C. 日记本   D. 藏在心底

3. 我是（   ），我更愿意跟（   ）玩。

    A. 女生   男生   B. 女生   女生

    C. 男生   女生   D. 男生   男生

4. 在跟男生（女生）交往时，我觉得这样做比较好（   ）

    A. 他们喜欢的，我就反对

    B. 他们玩的游戏不如我们的好玩

    C. 他们太淘气（娇气）了，我会离他们远远的

    D. 我会尊重他们的兴趣爱好和不同，在交往时我会注意自己的言行有分寸

5. 你能根据自己的观察发现自己身体的隐私部位并加以保护吗？（   ）

    A. 能，并且我会保护好自己

    B. 什么是隐私部位

    C. 我没隐私部位啊

    D. 有家长和老师保护，我十分安全

北航附小五年级成长教育家长调查问卷

1. 您认为孩子进入青春期的时间大概是（   ）

    A. 男孩 10 岁，女孩 12 岁   B. 女孩 10 岁，男孩 12 岁

    C. 男孩 12 岁，女孩 14 岁   D. 女孩 12 岁，男孩 14 岁

2. 您是否对孩子进行与青春期有关的教育？（   ）

    A. 有，而且非常系统

    B. 在生活中渗透了一点点

    C. 没有，羞于启齿

    D. 没有，孩子还小

3. 您赞成您的孩子跟异性小伙伴做好朋友吗？（   ）

    A. 不赞成，男生女生太要好，会不注意分寸

    B. 赞成，男生女生相互学习，取长补短

    C. 赞成，但我会告诉孩子在交往中注意分寸，彼此尊重

    D. 无所谓

4. 您认为本年龄段的孩子更愿意将心底的秘密告诉谁或更容易受谁的影

响？（　　　）

    A. 父母   B. 老师

    C. 小伙伴   D. 不清楚

5. 孩子逐渐长大，在和他人交往时您是否担心孩子的人身安全？（　　　）

    A. 当然，我却不能全天保护他

    B. 当然，但我会告诉他自我保护的方法和措施

    C. 不担心，孩子不在家里就在学校，环境单纯，十分安全

    D. 不担心，没那么多危险

（三）北航附小六年级性健康教育问卷

北航附小六年级成长教育学生调查问卷

1. 你对青春期的认识是（　　　）

    A. 长大了，积极面对   B. 身体、心理都会发生微妙变化

    C. 会长青春痘，害怕   D. 我还小，不太明白

2. 你心底的秘密愿意告诉给（　　　）

    A. 妈妈（爸爸）   B. 我最好的朋友

    C. 日记本   D. 藏在心底

3. 我是男生或女生，我更愿意跟（　　　）玩。

    A. 女生   B. 男生   C. 都可以

4. 在跟男生（女生）交往时，我觉得这样做比较好（　　　）

    A. 他们喜欢的，我就反对

    B. 他们玩的游戏不如我们的好玩

    C. 他们太淘气（娇气）了，我会离他们远远的

    D. 我会尊重他们的兴趣爱好和不同，在交往时我会注意自己的言行有
       分寸

5. 你能根据自己现有的知识发现自己身体的隐私部位并加以保护吗？（　　　）

    A. 能，并且我会保护好自己

    B. 什么是隐私部位

    C. 我没隐私部位啊

D. 有家长和老师保护，我十分安全

6. 你还想知道哪些有关青春期的知识，请写下来。

北航附小六年级"成长教育"家长调查问卷

1. 您认为孩子进入青春期的时间大概是（　　　）

    A. 男孩 10 岁，女孩 12 岁　　　　B. 女孩 10 岁，男孩 12 岁

    C. 男孩 12 岁，女孩 14 岁　　　　D. 女孩 12 岁，男孩 14 岁

2. 你是否对孩子进行与青春期有关的教育？（　　　）

    A. 有，而且非常系统

    B. 在生活中渗透了一点点

    C. 没有，羞于启齿

    D. 没有，孩子还小

3. 您赞成您的孩子跟异性小伙伴做好朋友吗？（　　　）

    A. 不赞成，男生女生太要好，会不注意分寸

    B. 赞成，男生女生相互学习，取长补短

    C. 赞成，但我会告诉孩子在交往中注意分寸，彼此尊重

    D. 无所谓

4. 您认为本年龄段的孩子更愿意将心底的秘密告诉谁或更容易受谁的影响？（　　　）

    A. 父母　　　　　　　　　　B. 老师

    C. 小伙伴　　　　　　　　　D. 不清楚

5. 孩子逐渐长大，在和他人交往时您是否担心孩子的人身安全（　　　）

    A. 当然，我却不能全天保护他

    B. 当然，但我会告诉他自我保护的方法和措施

    C. 不担心，孩子不在家里就在学校，环境单纯，十分安全

    D. 不担心，没那么多危险

6. 您觉得我们现在开展青春期教育您支持吗？可以谈谈您的看法。

7. 您有哪些建议，有哪些需要我们在学校帮助您的孩子解决的问题？

附录二　性健康教育家长培训父母反馈表

尊敬的父母朋友：

您好！非常感谢您参加性教育父母培训。请您留下您对这次培训的真实评价，我们将根据您的宝贵建议和意见调整以后培训的相关内容。

希望您通过参加父母培训有所收获。同时，我们也相信，作为孩子的父母，您将和学校一起携起手来，为孩子的健康成长撑起一片蓝天。

感谢您的支持！

北航附小

2011 年 11 月 18 日

北航附小性健康教育家长培训反馈表

1. 您认为，今天的父母培训内容对您理解和教育孩子：

A. 非常有帮助　　B. 有些帮助　　C. 有点帮助　　D. 没有帮助

2. 请根据您参加今天培训的体会填写表格，在相应的选项上划"√"

题目内容	非常同意	有些同意	有点同意	不同意
家庭对孩子的成长至关重要				
幸福的婚姻对孩子的成长有利				
父母需要了解孩子的成长规律				
父母与子女之间需要沟通				
父母与子女之间沟通的技巧是可以学习的				
性教育对于孩子的健康成长起着重要的作用				
父母是孩子的第一任性教育老师				
对孩子进行性教育是父母不能推卸的责任				
对孩子进行性教育是父母双方的责任				
家庭是性教育的最佳教育场所				
接受全面的性教育是孩子的权利				
父母应该鼓励孩子积极参与学校的性教育活动				
学校开展性教育对孩子的健康成长有帮助				

3. 如果您的孩子今后向您问起有关性的问题，您是否愿意回答孩子的问题？

    A. 很愿意   B. 有些愿意   C. 有点愿意   D. 不愿意

4. 您对在学校开展性教育的态度是：

    A. 非常支持   B. 有些支持   C. 有点支持   D. 反对

5. 您在教育孩子的过程中，遇到的主要困难和问题是什么？需要哪些帮助？

6. 对孩子进行性教育，您还有哪些想法和建议？

7. 如果以后学校再组织有关性教育的培训，您想知道哪些方面的内容？

8. 您对今天的父母培训有什么感想和建议？

通过多种途径对智障学生进行性心理健康教育的实践与研究

北京市通州区培智学校　李荣华

一、研究的背景

性教育对于智障儿童来说具有特殊意义，每个人都需要接受性教育，智障儿童也不例外，这是现代社会所要求的。现代社会"信息爆炸"，多渠道的传播媒介提供了海量的性信息、性刺激、性污染。在这种环境下生长的儿童，更容易出现性问题，智障儿童也不例外。智障儿童如不从小接受科学、系统的性教育，在面对青春期的生理变化时就没有心理准备，不能尽快地进行心理调适；不懂得如何处理个人卫生问题；不会正确表达自己在性方面的需要或控制自己的冲动，容易出现性偏差行为；缺乏性危险意识，不能保护自己，容易成为性侵害事件的受害者。防止性伤害教育是智障学生性健康教育不可缺少的内容，特别是越来越多的智障学生性伤害事件被报道，学校应引起重视。这就更需要我们在教育方面为他们提供足够的帮助，以使他们顺利度过青春期，步入成年。

二、研究的目的

由于人们长久以来的认识误区，智障学生性健康教育长期停留在生理解剖学层面上，学校课程教学也偏向生理知识的传授，或者涉及预防性伤害等内容，而很少从心理层面上进行性健康教育。事实上，性别角色认同、性道德规范、性交往价值标准等心理与道德层面的内容更为重要，应该贯穿于智障学生整个未成年阶段。

（1）通过多种教育途径，促进智障学生形成社会文化背景下所认可的性价值观与性道德观。

（2）防止性伤害教育是智障学生性健康教育不可缺少的内容，特别是越来越多的智障学生性伤害事件被报道，引起了学校重视，也极大地促进了培智学校性健康教育课题研究的深入开展。

三、研究的对象

本班 12 名中重度智障学生，其中有两名学生为孤独症，一名无语言学生。其中大部分学生的年龄在 13～16 岁，均处在青春期发展的重要年龄段，但对于青春期性心理健康方面的知识了解得比较少，缺乏自我保护的意识。因此，本学期确立了"通过多种途径对智障学生进行性心理健康教育的实践与研究"的德育课题，重点对学生进行性心理健康教育，以提高学生自我保护的意识。

四、研究的步骤

（1）第一阶段——准备阶段（2011 年 9 月）。

1）制定课题，制定研究方案。

2）设计与德育主题教育有关的活动内容。

（2）第二阶段——实施与研究阶段（2011 年 10 月至 2012 年 6 月）。根据方案，开展研究工作，对本班学生进行性健康教育实施工作。

（3）第三阶段——初步总结阶段（2012 年 1 月）。整理资料，进行初步总结。

（4）第四阶段——实施与研究阶段（2012 年 2 月至 2012 年 6 月）。对本班学生进行性健康教育活动、评价奖励工作。

（5）第五阶段——期末总结阶段（2012 年 7 月）。整理资料，进行阶段总结、汇报。

五、预期效果

对智障学生进行性生理、性心理、性道德和性文化等方面的教育，引导其获得科学的性知识，建立健康的性态度和性价值观、塑造健全的性别人格。

六、研究的内容

智障学生性健康教育实际上包括性生理、性心理、性道德、防止性伤害等多方面的内容。

性生理教育主要传授性器官、性功能方面的知识，包括第二性征、青春期的发育特征以及相关的卫生习惯与保健护理知识。

性心理教育包括性情感、性意识、性责任、性观念等知识的传授与观念培养，帮助学生了解随着性发育成熟而产生的青春期性心理变化，预防性心理疾病，增强青春期心理健康。

性道德教育则需要向学生传授具有社会文化属性的性道德规范和社会价值标准，帮助学生了解与性有关的准则，将来理智地、负责任地承担爱情和婚姻责任。

防止性伤害教育是要教育学生如何避免性骚扰、性暴力，在碰到意外性伤害事故时如何自救等。

七、研究的方法

（1）行动研究法：在整个课题研究的过程中，对每一位智障学生进行性心理与性生理的了解，通过了解采取实用、有效的教育方法，形成良好的心理品质。

（2）榜样树立法：在学生心中树立榜样，起表率作用，学生间相互比较，找差距。

（3）文献调查法：加强理论联系实际的学习，借鉴先进经验。

八、研究的原则

（一）以人为本原则

"以人为本"的性健康教育不仅要赋予智障儿童能融入社会的基本的知识和技能，更重要的是塑造他们真、善、美的心灵，构建自信、自立、自强的人格，最大限度地满足不同智障学生的心理需求，维护每个学生的尊严。

（二）科学性原则

内容的科学、正确、翔实是实现智障儿童性教育目的的前提。性教育的内容必须有科学依据，并注意应用新的科学研究成果，及时摒弃陈旧过时的内容，举例要实事求是。

（三）实用性原则

在实施性教育计划之前，应全面评估智障学生的学习需求、掌握的知识、当前的问题等，在此基础上制订出有效可行的性教育计划。在研究过程中，注意及时收集性健康教育的反馈信息，根据反馈及时调整教育目标和方法，提高性健康教育的有效性。

（四）综合性原则

智障儿童性教育的综合性主要体现在以下三个方面：

第一，教育内容的综合性，涉及医学、生理学、心理学、教育学等方面的知识。

第二，运用手段的综合性，包括直观演示、情景模拟、角色扮演、练习、讨论、讲故事和讲授等教育方法。

第三，教育者的综合性，包括学校教师、家长和智障儿童的同学、朋友等。

九、研究的过程

（1）树立全员育人意识，形成教育网络。智障学生受智力所限，存在的行为问题比较多，语言理解能力差，自我控制力比较弱，需要看护指导。因此，家长、教师、住宿管理人员都要对其关注，发现不良行为当场给予指正。这样才能使他们在学校全方位的教育管理氛围中安全度过青春期，形成良好的心理健康品质。

（2）采取多种直观形象的教育方法。在教学中，采用男女分班，收集一些人体图片、影像、动画等，教师用智障学生能够理解的、通俗的、浅显的语言进行讲授，使学生逐步接受青春期的一些知识点，逐步形成良好的性行为品质。

（3）利用榜样带动智障学生。智障学生辨别是非的能力差，缺少主见，依赖性强，因而教师就成为他们具体模仿的榜样，同时班级轻度学生也是他们模仿的榜样。教师的一言一行都会起到示范作用。轻度学生被教师肯定的行为都会被他们去效仿。

（4）利用游戏分散学生进行不良行为的注意力。对于先天愚型学生喜欢在厕所玩弄生殖器的行为，仅用说教是不够的。为了杜绝这种不良行为，课间多组织学生进行有趣的游戏活动，把他们的注意力集中到游戏中。时间一长，这些不良行为自然就消失了。

十、课题研究的内容

（一）重视主题班队会，发挥学生主体作用

班队会是对智障学生进行性健康和心理健康教育的主渠道，教师积极开展内容丰富、形式恰当的性健康主题教育活动，学生还是受益匪浅的。我校周一下午第一节课为班队活动课，班主任可根据班级的实际情况选择活动内容。根据我班智障学生的心理与生理特点，利用班会课开展了"我从哪里来""青春期卫生与健康""可爱的男孩、女孩""成长的脚步""小小男子汉""悦纳自己——性别"以及"守护青春——学会自我保护"等主题活动课。通过这些主题教育活动的开展，学生认识了自己的身体器官，了解了自身发育，学会正确对待男女同学间的友谊，懂得在公众场合要自尊自爱，学会和陌生人打交道，能够辨别来自周围的性侵害，提高了自我保护的能力。

（二）开展丰富的校园文化活动

性心理健康教育是一种综合性教育，学校不仅要向学生讲解知识，而且还要组织学生参与丰富多彩的"体育比赛""技能展示"等活动。例如，我校少先队开展了"课间十分钟"主题大队会，在活动中，少先队辅导员积极为智障学生创设"如何正确对待男女生交往"的生活情景。教师展示课间一个男同学与一个女同学一起看书的场景，并抓住这一有利时机，对学生进行"男孩、女孩如何正确、恰当的交往""什么才是纯洁的友谊"等内容的教育与引导。学生们在教师的带领下，懂得了同学之间应该友好相处，不能随便猜忌，这样才能更加健康、快乐地成长。通过开展丰富的校园文化活动，既充实了课余生活，也释放了旺盛的精力，又增进了友谊，促进了智障学生性心理健康的协调发展。

（三）以学科渗透为主渠道，促进性心理健康教育的推广和普及

性心理健康教育不仅仅体现在心理活动课、心理辅导等方面，更应渗透于各学科教学中，达到"润物无声"的效果。所谓把性心理健康教育渗透于学科教学中，并不是把性心理教育的概念生硬地加入学科教学中，而是结合各学

科内容和学科特点，运用一些技巧，有意识地培养学生积极健康的心理品质。每一门课都有渗透性心理健康教育的空间。

（四）开设专门的性健康教育课程与专题讲座

在校本课程、活动课程中设置有关性健康教育的专题讲座。对具体性心理与行为问题进行个别辅导，设立心理健康咨询室，由专业心理咨询教师对问题学生进行心理辅导与治疗。为了帮助学生顺利度过青春期，我校校医经常为七至九年级的大龄智障学生进行"性心理和性生理"方面的专题讲座，如"大龄智障女生的经期护理"的讲座及"男女生青春期性特征发展知识"的专题讲座等，丰富了学生对性健康方面的知识的了解，使学生知道了如何正确对待自身的生理变化，为学生平稳度过青春期打下了心理基础。

（五）发挥家长的教育作用

家庭是智障学生性健康教育的重要场所。教师要善于争取家长的协助，促进家校合作。性别角色认同、第二性征、男生遗精、女生初潮、异性交往等问题都适合从小教起，以预防为主，在生活中适时、适当的教育也更易于接受。如果家长想当然地认为子女年龄小，而什么都不提前教给他们，会给学校青春期性健康教育工作增加难度。对于处在青春期的学生，班主任要多与家长沟通，教给家长正确的教育方法和手段，形成家校统一的合力。

十一、思考与建议

在研究过程中，我们也进行了以下几方面问题的思考：

（1）国家在政策上已经规定要对特殊儿童开展青春期教育、身心健康教育，但一些培智学校虽然开展了性健康教育，但也有所避讳，没有把它作为一个必要内容纳入到课程教学中。

（2）承担该项工作的教师对智障学生性健康教育缺乏相关知识与技能，不利于该项工作的开展。

（3）在培智学校中开展性健康教育，可以设立心理健康咨询室，由专业心理咨询教师对其进行心理辅导与治疗。

参考文献

［1］青春期常识读本．上海：上海人民出版社，1990.

［2］银春铭．弱智儿童心理与教育．北京：华夏出版社，1993.

［3］吕荣侃．青春期教育概论．北京：北京师范大学出版社，1995.

［4］李雪荣．现代儿童精神医学．长沙：湖南科技出版社，1994.

培智学校性健康教育内容的实践研究报告

北京市通州区培智学校　赵红艳

一、研究的背景与意义

中小学性健康教育是素质教育的重要组成部分，我国的青少年性健康教育自 1988 年起已经迈入普及阶段，但国内特殊教育系统中还没有针对智障学生性健康教育的统一部署。以北京为例，在 2008 年 12 月至 2010 年 12 月的课题《北京市培智学校性健康教育现状的调查研究》中显示，目前北京市教育部门尚未出台关于培智学校青春期性健康教育的相关指导性文件，各校的性健康教育仍处于各自为政的游散状态。北京市 75% 的培智学校没有专门的性健康教育教材，培智学校现在使用的性健康教育教材 52.94% 是教师自己搜索来的，32.35% 是学校教师自己编写的校本教材，也有 14.71% 是参考普通教育的教材。

目前，北京市培智学校开展的性健康教育内容还不够全面，青春期生理变化、青春期情绪变化、与异性交往所占比重较大，其次是性器官卫生保健。防范性骚扰、性侵犯内容缺乏，缺少性法律、性道德、性伦理的相关教育内容。此外，从智障学生的认知特点和实际需要考虑，"防范性骚扰、性侵犯"应占较大的比重，但实际所占比重却很小。可见，培智学校开展性健康教育的内容及其广度和深度的定量也是广大特殊教育工作者遇到的问题。

而智障学生由于先天的缺陷和后天教育的不健全，使得他们不能正确认识和处理青春期出现的各种问题，而出现性心理障碍和性行为问题。如果忽视智障学生性健康教育工作，将会对智障学生的健康成长造成无法弥补的不良后果。因此，为了促进智障学生健康成长，为了推动北京市培智学校性健康教育工作的顺利开展，为了给予广大特殊教育工作者借鉴的资料和科学的指导及有力的支持，研发适合智障学生的性健康教育内容和培智学校性健康教育的教材是智障学生健康成长的需要，也是特殊教育发展和社会进步的要求。

中小学性健康教育是人生性教育的组成部分，是引导青少年成为健康、自信、快乐的少男和少女，为成功进入社会生活打下基础的教育。性健康教育是素质教育的重要组成部分，对智障学生进行性健康教育是智障学生健康成长的需要。

本课题组织培智学校有多年教育经验的特殊教育骨干教师进行培智学校性健康教育内容的课题研究工作，目的在于通过实践研究，研发适合不同年龄段智障学生认知特点和实际需要的性健康教育规范的、科学的教材。同时，本课题的研究成果能够为广大特殊教育工作者提供借鉴和参考的资料、科学的指导及有力的支持，进而，推动北京市培智学校性健康教育工作的进一步发展。因此，本课题研究具有很强的应用价值。

二、研究的理论依据

性健康教育是引导人们在人生各阶段，成为健康、自信、快乐的男性和女性，能够幸福地度过一生。中小学性健康教育是人生性教育的组成部分，是引导青少年成为健康、自信、快乐的少男和少女，为成功进入成年社会打下基础的过程。在这个过程中我们要坚持科学的和可持续发展的性价值观念，坚持符合中国国情的性道德意识、法律规范，开展适合智障学生成长需要的性健康教育。在实施过程中要坚持以育人为本，根据智障学生身心发展规律和特点，适时适度地向学生提供符合其认识水平的、科学的、综合的性健康教育；使智障学生摆脱性无知，建立益于个人和社会健康发展的性价值观念，能够正确地认识性，避免受到不良的性信息的影响，提高性自我保护能力，在促进学生身心全面和谐发展的同时，为适应以后的人生阶段奠定良好的基础。

三、研究的目标

（1）培智学校通过有目的、有计划、有组织地对智障学生进行性生理、性心理、性道德和性文化、性自护等方面的教育，引导智障学生获得科学的性知识，建立健康的性态度和性价值观，塑造健全的性别人格，顺利完成从幼稚向成熟的过渡。

（2）通过两年的实践研究编写出一套适合培智学校低、中、高三个年龄段智障学生认知特点和实际成长需要的培智学校性健康教育教材。

（3）通过实践，总结编辑一套培智学校性健康教育优秀论文、教育案例、课例集锦以及优秀课例的音像资料。为广大特殊教育工作者提供借鉴和参考的资料、科学的指导及有力的支持，进而，推动北京市培智学校性健康教育工作的进一步发展。

四、研究的主要内容

本课题通过对低、中、高、大龄职训班四个学段的学生进行性生理和性保健、性心理和性自护、性道德和性审美、性文化等内容方面的教育实践，选择确定适合培智学校不同学段智障学生认知特点和成长需要的性健康教育的内容、校本教材。为北京市特殊教育系统（培智学校）的广大特殊教育教师进行全面、科学、系统、规范的性教育，提供可参考的依据和科学的指导。

五、研究的方法

本课题采用教学实验研究法和混合研究法进行研究。

（1）查阅资料，学习和借鉴普通中小学性健康教育中好的研究方法和研究成果，研读《北京市中小学性健康教育大纲（讨论稿）》的基本理念、教育原则和总体内容及中小学各学段具体性健康教育内容，探讨培智学校性健康教育的内容，初步确定本校性健康教育的侧重点。

（2）本课题对低、中、高、大龄职训班四个学段的学生进行性健康主题教育活动、性健康教育学科渗透和住宿生教育管理等方面的性健康教育内容的研究。

（3）研究过程中课题组成员根据自己的研究专长和从事教育工作的侧重点，以及所教学生的年龄和认知特点，进行相关内容的实践研究，并及时进行阶段总结。

（4）课题组成员在实践研究的基础上研讨、统整北京市培智学校性健康教育的内容，并根据低、中、高、大龄智障生四个年龄段编辑培智学校性健康教育教材。

（5）聘请专家对《北京市培智学校性健康教育教材》进行修改完善。

六、研究的主要过程

（一）本课题研究的时间

本课题的研究时间是从 2010 年 12 月至 2012 年 9 月。

（二）具体研究过程

1. 第一阶段：课题准备阶段（2010 年 12 月至 2011 年 2 月）

查阅资料，学习和借鉴普通中小学性健康教育中好的研究方法和研究成果，研读《北京市中小学性健康教育大纲（讨论稿）》的基本理念、教育原则和总体内容及中小学各学段具体性健康教育内容，探讨培智学校性健康教育的内容，初步确定本校性健康教育的侧重点，主要侧重于性生理、性心理、性自护等方面的知识技能。

2. 第二阶段：课题实施阶段（2011 年 3 月至 2012 年 5 月）

（1）在认真研读《北京市中小学性健康教育大纲（讨论稿）》的基础上，依据以"育人为本"的原则，按照智障学生的认知特点、实际需要、存在的问题及成长的环境和家庭教育的现状，有选择性地借鉴大纲中提出的教育内容并制定培智学校低、中、高三个学段的课题研究重点。

（2）针对培智学校的编班的实际情况（不是严格按照年龄大小编班，而是按照智障学生的实际知识、能力水平编班，适当参考年龄情况），打破班级授课制，针对智障学生的实际情况（包括是否进入青春期、青春期出现的心理与行为问题、学生中存在的普遍现象、智障学生最需要与最急迫了解的性知识），采用以班级、分组（可按年龄、按性别、按教育内容分组）、个别生、少先大队为单位开展主题教育活动，进行课题研究。

（3）在音乐、体育、美术、自理、劳动等学科课堂中进行性健康教育渗透的实践研究。

（4）借助住宿管理这一渠道进行实践研究。

通过以上多种渠道对智障学生开展的性健康教育，适应培智学校的实际状况，符合智障学生的认知特点和实际需要。课题组成员根据自己从事教育工作的侧重点，进行相关内容的实践研究，并随时收集资料。

3. 第三阶段：课题结题阶段（2012 年 6 月至 2012 年 9 月）

主要内容如下：

（1）课题成果收集，编辑《培智学校性健康教育优秀论文、案例集锦》。

（2）编辑《培智学校性健康教育优秀课例集》，时间是 2012 年 6 月。

（3）收集整理并编辑《培智学校性健康教育校本教材》，时间是 2012 年 7 至 8 月。

（4）结题报告、研究报告撰写，时间是 2012 年 9 月。

七、研究的结果分析

培智学校自开展性健康教育的三年多时间以来，智障学生从初步接触性知识，到后来定期有系统地接受性健康教育，已经掌握了一定的性生理、性心理等知识，性心理调节能力有了一定的增强，同时性自护的意识逐步增强，性自护能力也有了很大的提高。在与异性交往的过程中，他们懂得了把握较恰当的尺度与方法。学校里出现青春期问题的个案数目逐渐降低。当学生出现相关问题的时候，他们能够主动与老师、家长或者好朋友交流沟通，从而降低了不良行为问题发生的可能。

在实践研究的基础上，教师们对培智学校开展性健康教育有了更深切的认识：培智学校开展性健康教育十分必要和重要。在实践研究的过程中，教师们的科研意识和能力都有了普遍的提高，并取得了很多可喜的成绩，如下表所示。

教师们取得的成绩

成果名称	著作者	成果形式	发表刊物或出版单位	发表出版时间
《以生活为载体开展培智学校青春期"性"健康教育的研究》	赵红艳	论文	获北京市第二届"智慧教师"征文二等奖	2010 年 9 月
《培智学校性健康教育的研究课题中期汇报》	赵红艳	论文	获得"北京市第三届中小学性教育交流会"大会交流奖	2010 年 11 月
《中度智障生青春期心理健康教育的个案研究》	赵红艳	个案研究	获得北京市教委"北京市中小学性教育模式初建"课题项目征文三等奖	2010 年 11 月

续表

成果名称	著作者	成果形式	发表刊物或出版单位	发表 出版时间
《大龄智障生"攻击"行为干预的咨询个案研究》	赵红艳	个案	获得北京市教委"北京市中小学性教育模式初建"课题项目征文二等奖	2010 年 11 月
《学会沟通　快乐生活》	赵红艳	课例	获"北京市中小学性教育模式初建"课题项目课堂实录二等奖。获"中国教育实践与研究论坛"一等奖	2010 年 11 月
《做快乐的自己》	饶丽军	课例	获北京市教委"北京市中小学性教育模式初建"课题项目课堂实录二等奖	2010 年 11 月
《朋友》	饶丽军	说课	获北京市教委"北京市中小学性教育模式初建"课题项目说课大赛三等奖	2010 年 11 月
《做情绪的主人——青春期性心理健康教育课例》	赵红艳	课例	在"2010 年北京市特殊教育优秀课例评选"中获二等奖	2011 年 1 月
《培智学校性健康教育的实践研究》	赵红艳	论文	获"中国教育实践与论坛"一等奖	2011 年 4 月
《班主任工作中实施性健康教育的实践研究》	赵红艳	论文	获北京市教育委员会、北京性健康教育研究会一等奖	2011 年 8 月
《大龄智障生"偏激"行为干预的咨询报告》	赵红艳	咨询报告	获"中国教育实践与研究论坛"一等奖	2011 年 9 月
《学会沟通　快乐生活》	赵红艳	案例	获北京市教育委员会、北京性健康教育研究会二等奖	2011 年 9 月
《学会沟通　快乐生活》	赵红艳	说课	获北京市教育委员会、北京性健康教育研究会三等奖	2011 年 9 月
《守护青春快乐成长》	赵红艳	课例	获中国教育实践与研究论坛二等奖	2011 年 12 月
《初一学生"不良心理行为问题"干预的咨询报告》	赵红艳	咨询报告	获中国教育实践与研究论坛一等奖	2011 年 12 月

续表

成果名称	著作者	成果形式	发表刊物或出版单位	发表出版时间
《培智学校性健康教育内容的研究》	赵红艳	论文	获北京市中小学性健康教育大纲的实践研究一等奖	2012 年 1 月
《浅谈班主任工作中实施性健康教育的研究》	赵红艳	论文	获北京市教育学会特殊教育征文三等奖	2012 年 3 月
《学会沟通　快乐生活》	赵红艳	课例	获北京教育科学院三等奖	2012 年 4 月
《以爱感化　用情育人——对重度弱智儿童的教育》	曹娟	案例	获全国学校性健康教育学术研讨交流会二等奖	2011 年 8 月
《在特教音乐课堂教学中渗透性健康教育的案例研究》	曹娟	案例	在北京市中小学性健康教育案例中刊登	2011 年 8 月
《在特教音乐课堂教学中渗透性健康教育的案例研究》	曹娟	论文	刊登在北京市中小学性健康教育案例集中	2012 年 3 月
《音乐课堂渗透性健康教育——我体验　我快乐》	曹娟	案例	北京市特殊教育优秀案例评选中获三等奖	2011 年 1 月
《在特教音乐课堂教学中渗透性健康教育的研究》	曹娟	论文	获第三届全国学校性健康教育学术研讨会，论文评比全国一等奖	2010 年 12 月
《脑瘫少女情感困惑个案咨询》	邵迎雪	咨询报告	"北京市青少年性健康教育国际论坛及第四届全国学校性健康教育学术研讨交流会"研究报告评比一等奖	2011 年 8 月
《绘画对大龄孤独症学生情绪调控方法的研究》	张亚平	论文	"北京市青少年性健康教育国际论坛及第四届全国学校性健康教育学术研讨交流会"研究报告评比一等奖	2011 年 8 月
《运用国画方法对孤独症学生情绪调控的个案研究》	张亚平	个案	在"2011 年北京市特殊教育征文"活动中被评为一等奖	2012 年 3 月
《绘画教学中调节智障学生不良情绪的研究》	张亚平	论文	获北京市 2010—2011 学年度基础科学研究优秀论文三等奖	2011 年 3 月
《男孩儿女孩儿》	陈颖	课例	第四届全国学校性健康教育学术研讨交流会二等奖	2011 年 8 月

续表

成果名称	著作者	成果形式	发表刊物或出版单位	发表出版时间
《如何才是真正的美》	李荣华	课例	获得北京市教委"北京市中小学性教育模式初建"课题项目征文二等奖	2010 年 11 月
《守护青春、学会自我保护》	李荣华	说课	获北京市中小学性健康教育演讲二等奖	2011 年 6 月

其中 10 篇论文获市级、国家级奖，3 篇咨询报告获市级、国家级奖，7 篇个案研究获市级、国家级奖，10 节课例获市级、国家级奖。

课题组取得的成果如下：

《培智学校性健康教育优秀论文、案例集锦》23 篇。

《培智学校性健康教育活动集锦》17 篇。

《培智学校性健康教育校本教材》主要三个章节：性生理、性心理、性自护。

八、结论

本课题组通过两年的性健康教育实践研究，编写出了一套适合培智学校低、中、高三个年龄段智障学生认知特点和实际成长需要的培智学校性健康教育校本教材，并在实践的基础上总结编辑培智学校性健康教育优秀论文、教育案例、课例集锦以及优秀课例的音像资料。此研究结果为广大特殊教育工作者今后从事性健康教育提供了可借鉴和参考的资料，对今后培智学校全面、系统、科学地开展性健康教育工作起到了一定的推动作用。同时，培智学校开展性健康教育能有效地促进智障学生健康、快乐的成长。

本课题组通过性健康教育实践，认识到在培智学校开展性健康教育，任重而道远。由于人们长久以来的认识误区，智障学生性健康教育仅停留在生理解剖学层面上，学校课程教学也偏向生理知识的传授，或者涉及预防性伤害等内容，而很少从心理层面上进行性健康教育。事实上，家庭也是智障学生性健康教育的重要场所。教师要善于争取家长的协助，促进家校合作。性别角色认同、第二性征、男生遗精、女生初潮、异性交往等问题都适合从小教起，以预防为主，在生活中适时、适当的教育也更易于接受。

九、研究的局限性及有待解决的问题

通过课题研究，我们感觉到培智学校开展性健康教育工作的师资力量比较薄弱，从事相关工作的教师专业知识水平有待提高，而且更缺少从事此项工作的专业教师。培智学校有必要引进专业人员，并对教师们广泛开展相关培训工作。此外，学校还需要投入一定的资金购入教育活动所需的辅助资源。

在课题研究中，我们与其他兄弟学校的交流沟通甚少，特别是性健康教育校本教材的编写过程中，只是本校课题组的教师实践研究的结果，又由于时间的关系，因此校本教材中肯定会有很多需要推敲的内容，整体版面也缺少专业人员的设计。

参考文献

[1] 杨培禾. 小学性健康教育相关问题探讨. 中国学校卫生，2009.
[2] 孙军玲，等. 北京市智力落后学生青春期发育及家庭性教育情况. 中国学校卫生，2007（3）.
[3] 冯利. 心理健康教育. 北京：机械工业出版社，2007.
[4] 王垒，等. 心理学与生活. 北京：人民邮电出版社，2003.
[5] 袁振国. 教育新理念. 北京：教育科学出版社，2002.
[6] 李春华. 大学生心理健康教育. 北京：中国水利水电出版社，2010.
[7] 马彦，等. 心理健康教育. 北京：机械工业出版社，2010.
[8] 师文. 现代中小学性健康教育指导手册. 北京：中国知识出版社，2005.

中度智障生青春期
心理健康教育的个案研究

北京市通州区智培学校　赵红艳

　　目前，培智学校所招收的学生多以中重度智力落后生为主，这些学生存在的青春期心理行为问题较为严重。其成因主要有以下三方面：①生长发育过程中，受到内部和外部各种不利因素的影响，使其身心发展滞后；②智障生大脑器质性损伤以及家庭、社会等不良因素的共同作用又促使这种趋势的增长，使得他们的发展受到严重阻碍，是他们产生心理行为问题的前提；③智障生进入青春期后身心各方面发生很大的变化，但由于自身的缺陷，他们不能正确认识和处理青春期出现的各种问题。对于从事特殊教育工作者来说，发现、了解智障生的青春期心理行为问题，并给予及时适当的干预，有利于他们身心健康发展。本研究从智障生青春期心理行为特点和生活环境以及生存发展需要入手，力求通过生活实践训练达到健康心理品质的培养和良好行为习惯的养成的目的。

一、研究的对象

　　李某，男，17 岁，智商小于 45，中度智力落后，独子，智障原因不明。2003 年入我校八年级就读，之前在普通小学读过 5 年（一年级两年，二、三、四年级跟班走），无肢体残疾，语言表达基本正常，能阅读简单课文，认识生活中的常用字词，会做百以内加减计算题。具备一定的自理能力，会做简单家务活，如扫地、洗碗、擦地等。随着年龄的增长，家长发现其越来越不愿与人交往，也不爱外出了，和较熟悉的人也不像以前那样爱说话了，并且与人说话时，经常是使劲低着头或用手挡住脸，不与人对视，声音很小，只说几个字词。

二、研究的内容

探讨对中度智障生青春期心理行为问题进行教育训练的可行性方法，为此类学生心理健康教育提出有针对性的建议。

三、研究的工具

（一）适应行为评定

采用湖南医科大学姚树桥、龚耀先编制的"儿童适应行为评定量表"评定该生适应行为发展水平。

（二）心理特征行为表现调查记录

采用自编心理行为表现调查表，由家长和老师通过平时的观察记录该生在不同时期、特定情境下的心理行为表现。

四、研究的过程

（一）个案资料收集阶段

1. 访谈情况

访谈对象：李某母亲。

访谈结果：李某从小生活在父母身边，父母忙于工作疏忽对其的照顾和教育。李某小时候上过一年幼儿园，老师反映其不合群。7 岁入普通小学读书，学习成绩不好，课上捣乱不注意听讲，不爱回答问题，老师没有太多精力照顾他。课下和同学打闹，同学们经常嘲笑、欺负他，还骂他是"傻子"。五年级结束后便辍学在家待了两年半，父母上班留其一人在家看电视、玩或待着，很少独自外出。父母休息时要带他出去散步、逛街、串门或让其和邻居家孩子一起玩，他非常不情愿。平时能被动与父母交流。近两年，李某更是不爱与人接触，客人来访他会躲进自己的小屋不出来，直到客人离开。实在躲不开时，客人和他说话他会用手捂住脸，或把脸扭开并使劲低下头，手指不停地摆弄衣角，嘴里小声嘟囔出几个字："阿姨好。"对他这种表现，父亲曾严厉管教，有时还会打骂，但母亲觉得孩子可怜经常袒护，至此李某的这种心理行为问题越来越严重。

2. 心理行为评估结果

在对李某进行干预前，对其进行的心理行为表现情况调查如下表所示。

特定情境	个案生行为表现	心理特征
进教室见到老师	低着头溜进教室，不说话	胆怯
课上	不举手回答问题，经常低着头半趴在桌上，不敢直起身子怕被看到，偷偷看老师	胆怯、自卑
与老师目光对视时	马上低下头，垂下眼帘避开老师的眼神	害羞、自卑
回答问题	不愿起立，低着头嘟囔出几个字	忸怩、胆小
课间活动	不主动找同学玩，不参加集体活动，老师不在时偶尔大声说话，发现有人看他，会马上放低声音或不说了	孤僻、消极、被动
同学和他开玩笑	爱急，爱生气，有时会打骂同学	易怒、急躁、冲动
和客人一起活动	躲一边，偷偷观看	淡漠、不主动
客人提问	多数时低着头不说话，有时用很小的声音回答几个字	胆怯、自卑
和老师、同学们外出活动	紧跟在老师身后，不敢正眼看外界	恐惧、紧张
去商场购物	在老师强烈要求下能帮助交钱、收拾物品，但低着头一句话也不说。不愿在外久留	

3. 适应行为评估结果

适应商（ADQ）46。

（二）教育训练阶段

1. 教育训练目标

通过一年的教育训练矫正其青春期不健康的胆怯、自卑、恐惧的心理问题，改变其与人交往时低头、躲避的不良行为。获得必要的青春期心理、生理卫生知识，培养自信，提高与人交往和参与生活实践的能力，形成健康的心理品质和良好的行为习惯。

2. 训练方法

以健康的生活为载体，在学校生活、家庭生活和社会生活中通过青春期知识传授（教师给学生讲解青春期相关的知识）、榜样示范、伙伴合作、实践体验的方法教育训练。

3. 训练的具体过程

针对李某心理存在的问题和成因，以及其年龄特点和即将毕业走进社会生活的客观现实，采取以学校、家庭、社会生活实践为载体，老师、家长相互配合、共同实施的双边同轨教育训练形式。

（1）学校生活训练。凭借李某住校的优势在学校生活中，首先，利用情感转化、伙伴合作对缺陷补偿的作用，努力为其创设健康、愉快、和谐、轻松的学校生活氛围。其次，主动与其沟通，拉近距离、建立情感，适当教育引导他养成与人说话大声、抬头挺胸、正视对方的习惯。再次，关注其学习状态，为其创设学习实践的机会，增加成功的体验，对其微小的进步给予及时的鼓励表扬。此外，带动其他同学关心他、帮助他，主动与他互动，发挥伙伴合作的作用，形成健康、友爱、平等的校园生活环境。同时，教师对于该年龄段的学生讲解一些必要的青春期心理、生理知识。

（2）家庭生活训练。依据"生活即教育，教育即生活"的理念，在家庭教育训练过程中，充分发挥家庭教育的作用，提高家长育人能力和学生家庭生活的质量。首先，与家长沟通取得共识，确定李某不良心理行为问题成因及矫正补偿对策，共同教育训练。其次，教给家长科学的教育训练方法。父母教育训练观念、策略一致，为孩子提供更多的情感支持，加强与孩子沟通交流，利用家长良好的行为示范教育引导孩子，传授必要的生活经验和技能。再次，扩大家庭生活实践空间，提供其参与生活实践的机会，在家长协助下让其独立、半独立处理家庭事务，提高其成功体验，如接待客人、接听电话、邻里物品借还、收拾家务、一日三餐的安排准备、陪父母散步健身等。提醒家长不要操之过急，不可给孩子施加过大的压力，要适时引导、循序渐进、持之以恒。对其出现的不良心理趋向及时给予引导提示，特别是孩子的父亲要以一个成年男人朋友的身份多和孩子沟通，帮助其降低青春期出现的紧张情绪和恐惧心理，并及时记录其心理行为表现，每周与老师反馈交流，以便及时调整。

（3）社会生活训练。从李某已有的生活经验和知识技能基础出发，老师和家长相互配合利用社会资源，为其创造参与社会生活实践的机会，让其通过亲身体验把做人做事的道理内化为健康的心理品质，转化为良好的行为习惯。老师结合学校活动和班级主题教育实践活动，增加其参与社会生活实践的机会和体验。例如，乘坐轻轨列车去天安门、故宫、博物馆、世纪坛参观时，让其协助老师购买车票、门票；参加社区义务劳动时重点指导其帮助社区居民送信件、维修自行车、打扫社区卫生；同学们带着亲手制作的工艺品到友好院校"义卖"时，利用其较好的百以内加减法计算能力让他当"小老板"，负责人民币找赎。还有带其外出帮助选购班级学习用品和奖品等。家长带孩子外出度假、参加社区公益活动、邻里亲友问访等，让其帮助家里交电话费、买水电字、购买早点小吃，像理发之类的事让其独立完成，等等，都有效增加了其与外界接触的机会，促进问题行为的转变。总之，利用和挖掘一切有利时机加强其参与社会生活实践的训练。

五、研究的结果

通过对李某一年的教育训练，目前李某的心理行为表现如下。

（一）适应行为评定结果

该生适应行为评定 ADQ 为 53，比训练前提高 7 分。

（二）心理行为表现记录

李某的心理行为表现如下表所示。

特定情境	个案生行为表现	心理特征
进教室见到老师	能主动向老师问好	友好、主动
课上	认真听讲、主动举手，不再偷偷摸摸，很少趴在桌子上	自信、主动、勇敢
与老师目光对视时	不再逃避老师的眼神，眼神能停留几秒钟	自信
回答问题	能起立站直身体，抬头正面大声回答问题	自信、勇敢
课间活动	能和同学们一起交流活动，主动帮助同学	合群、热情
同学和他开玩笑	恰当回应，不再打骂同学	友好
和客人一起活动	能和客人一起活动，不再躲闪	积极、主动
客人提问	能正确回答客人提问，并有简单交流	友好
带同学们外出活动	喜欢外出，不再躲躲闪闪，主动帮老师做事，但很少与外人交流	乐观、积极

李某母亲反映其在家庭中的表现：放假回家，他很少躲在自己屋里，客人来访能主动问好，回答亲友邻里问题时表情比较自然。爱和小姨家的表哥玩，平时能够陪妈妈散步、购买日用品，能一人到离家很近的电信局交电话费、到小区门口买早点，能自己到妈妈常去的小区内的理发店理发。愿意和家人一起外出度假游玩。能和妈妈交流学校生活、学习情况以及社会实践中的所见所闻，但对其他人仍是寡言少语。

从李某在学校和家庭中的表现来看，李某对外界的恐惧、自卑心理明显降低，与人交流时不良的行为习惯基本改掉了，并掌握了一定的交往技巧，参与生活实践和与人交往的能力与信心均有很大提高。

六、结论

（1）从李某训练前后心理行为观察记录表和适应行为评定前后评估的结果可以看出李某的心理状况和行为表现有了很大的转变，这充分说明创设良好、健康、平等、和谐的学习、生活氛围，以及以生活为载体，在学校生活、家庭生活和社会生活中通过青春期知识传授、榜样示范、伙伴合作、实践体验的方法教育训练，能有效地矫正智障生青春期不健康的心理问题和行为习惯，促其形成健康的心理品质和良好的行为习惯。这种方法有效、可行。

（2）从李某的训练过程和结果可以看出：老师、家长相互配合、一致要求、同步训练、贯穿始终能有效提高青春期心理健康教育的效果。

七、讨论与建议

（1）智障生由于认知水平低、理解与接受能力较差，单纯的心理辅导对他们难以奏效，所以要结合多种教育训练方法进行矫正补偿。同时，家庭和学校内部健康、平等、和谐的关系对降低其紧张情绪有帮助。

（2）家长的观念、行为表现和一贯的教养方式直接影响孩子的行为趋向，因此，家长的育人观念有待更新，育人能力有待提高，育人知识需要丰富。特别是家长需要学习一些必要的青春期心理健康教育知识，提高自己对青春期心理问题的正确认识和教育能力。

（3）分析李某心理行为问题成因可以看出：家长不正确的教育方式、普通小学教育者对这类学生的忽视和正常学生对他的歧视、排挤，以及社会人员对这类学生的不理解、不支持等，均对其健康成长造成不良的影响。在这个不良的学习、生活经验的基础上，随着心理年龄的增长，进入青春期后，这些智障学生在没有很好的教育引导下会出现一些不健康的心理行为问题，这也说明智障生青春期心理健康知识的缺乏和心理问题调节能力的欠缺。

（4）李某的各方面能力相对于其他智障生要好一些，但其在成长过程中，特别是在普小学习和社会生活的过程中，感受到的挫折多于成功、批评多于表扬，造成他自卑、胆怯的心理。因此，训练者要注意挖掘其潜能，发现其很小的进步都要给予及时的鼓励和表扬，来培养他的自信。

（5）针对大龄智障生毕业后进入社会参与生活劳动的客观现实，训练者要依据"生活即教育，教育即生活"的理念，借生活为载体，增加其生活实践的成功体验，促其良好心理品质和行为习惯的形成。

（6）针对智障学生普遍存在的青春期心理行为问题，培智学校有必要开设专门的青春期心理健康教育和行为矫正训练课程，进行全面系统的青春期心理教育训练。

（7）个案生李某的情况反映出社会上的一些人对智障人士的歧视、排斥现象仍然存在。随着社会经济的迅速发展，人们的整体素质还需不断提高，无论是特教还是普教，无论是家庭还是社会，都应该正确对待智障人士这些弱势群体，给予他们更多的关爱和帮助以及及时、恰当的教育。

参考文献

[1] 姚树桥，等．儿童适应行为评定量表操作手册．长沙：湖南医科大学出版社，1994.

[2] 银春铭．弱智儿童的心理与教育．北京：华夏出版社，1996.

[3] 李心天．医学心理学．北京：人民卫生出版社，1996.

[4] 陆瑾．加强智障教育中的情感教学．现代特殊教育，2004（21）.

[5] 袁振国．教育新理念．北京：教育科学出版社，2002.

[6] 张永平．小学生口语交际训练的途径和方法．21世纪教育改革与发展，2002年12月第2版.

[7] 谢才理．以"说"促参与培养学生参与意识．21世纪教育改革与发展，2002年12月第2版.

[8] 吕静．儿童行为矫正．杭州：浙江教育出版社，1992.

文化课渗透

小学学科渗透性教育大纲的实践研究

北京市医科大学附属小学　刘娅军

一、研究的背景

近年来，随着社会经济、文化的不断发展，教育改革和教育研究的不断深入，人们更加关注学生的心理健康，尤其是随着学生生理发育速度的不断加快，在许多国家，性教育作为一种专门化的教育，由学校安排专业教师实施相关的教育内容，随时关注学生的需求，及时进行答疑和救助，并通过社会力量来进行知识的普及，大大促进了青少年的健康成长。我们认为，开展此项研究不但十分有必要，而且是当前促进学生健康成长的重要内容之一。

在本项子课题开题之前，课题主要参与人员对中国期刊网中的中国期刊全文数据库、中国学术期刊网络出版总库、中国博士学位论文全文数据库、中国优秀硕士论文全文数据库、中国重要会议论文全文数据库、中国重要报纸全文数据库等多个数据库进行检索，以"性教育"和"学科渗透"为关键词，搜索了近百篇相关的期刊文章，并对其进行了梳理、分析，还阅读了相关的理论书籍，得到了许多有助于课题开展研究的重要信息。

国内外许多研究结果普遍证实，性教育对儿童的健康成长具有重要影响。如果儿童在成长过程中出现的一些问题没有得到及时和很好的解决，将会对其今后的成长产生很大的影响，这种影响将伴随他们的一生。从这个角度说，探索性健康教育问题，促进儿童身心健康发展是十分必要的。通过阅读相关资料，我们了解到许多国内外的研究资料，大致情况如下。

（一）国外性健康学科渗透研究现状

国外对性健康教育的研究开展得较早，其中瑞典是开展性教育最早的国家，早在 1942 年就在义务制学校中开展，国家教委制定了教育纲要。1970 年已扩展到全国所有学校，包括幼儿园。开展性教育较早的还有美国、日本等多个国家。但资料显示，将性教育与学校的学科教育相结合的研究几乎处于空白状态。

（二）国内性健康教育学科渗透研究现状

在我国，很早就认识到性教育的重要性，尤其是在 1998 年，国家教育委员会（现称教育部）、国家计划生育委员会联合发出了《关于在中学开展青春期性教育的通知》，使中学生的青春期性教育在全国正式得到开展。国家教委与上海市社会科学院先后于 1989 年 7 月、1990 年 10 月、1992 年 8 月召开了三次全国青春期教育理论和实践研讨会，探讨符合中国国情的青春期教育的理论体系。但受国情、传统观念的影响，学校的性教育仍然长期处于不被重视的状态，性教育师资更是缺乏。随着教育的发展、社会的进步，近年来，性教育受到越来越多的关注，尤其是随着青少年生理发育的不断提前，这一教育内容也越来越受到小学教育的关注，在全国多个省市都开展了不同程度的性教育课程。但资料显示，在学校教育中，开展学科渗透性健康教育的研究却很少，而且，大部分是在中学的生物课、政治课和体育课中有所开展，而小学多是在品德课中有所体现。国内开展学科渗透研究较早的是四川省，早在 2004 年，省教育厅就下达重点课题"西部中小学性教育实施研究"，开始了"小学学科渗透性教育"新模式的探索。多年的研究证明，通过其他课程的教学实现性健康教育的目标是可行的。目前，他们已编辑《小学学科渗透性健康教育教案集》《小学性健康教育的基本要求和大纲》等值得我们借鉴的研究成果。

（三）实践研究中存在的问题

尽管全国许多小学在性健康教育学科渗透研究实践工作中进行了很多有益的探索，但是在有些方面仍然存在许多不足，主要表现为以下几个方面：

（1）研究具有一定的局限性。开展小学学科渗透性健康教育研究的学校很少，其中较早开展并取得一定成果的四川省，也主要是由"人北实验小学"一所学校承担此项工作，虽然所取得的研究成果具有一定的借鉴意义，但同时也具有一定的局限性，即教材、生源不同等，使实践研究广度不够，造成实验成果的价值有限。

（2）对"渗透"把握不够准确。在学科渗透性健康教育的过程中，应以

"渗透"为主，我们看到的很多课例不属于"渗透课"，而是设计了一个较完整的、专题性教育的教学环节，穿插在学科教学中，造成喧宾夺主、"贴标签"现象，违反了学科渗透的原则。

（3）渗透的内容与学科内容结合点不够恰当。为了体现学科渗透，有的教师将学科教学内容，与要渗透的性健康教育内容牵强合在一起，是为了"渗透"而"渗透"，这种将学科教学与性健康教育二者生硬相加在一起的现象，同样违反了开展学科渗透性健康教育研究的初衷。

（4）过分强调"性"，忽略心理教育。在开展性健康教育的过程中，出现许多过分强调性生理知识，却忽略了性心理、性审美等内容的教育与引导的现象，使性健康教育变为单纯的性知识普及，让性教育目标偏离，这也是整个性健康教育中存在的普遍现象。

二、研究的目的和意义

国内外对本课题的研究现状，让我们对即将开展的研究充满了信心，也为我们的研究奠定了基础，提供了许多值得借鉴的经验。同时，我们也发现之前的研究中还存在许多不足，大致可概括为四多四少，即多性健康教育经验总结性的研究，较少实践研究；多探讨性健康教育工作的重要性，较少教育机构切入进行实践研究；多从德育角度开展活动的研究，少有学科渗透的实践研究；多学科自主性研究，少有按科学制定的目标（大纲）的规范研究。因此，这是我们选题的依据之一。

依据之二是在研究实践过程中存在的问题。虽然许多学校和教师在性教育学科渗透方面都做了一定的有益尝试和研究，但仍存在问题与不足，主要表现在以下几方面：

（1）研究的内容和形式上还存在着一定的局限性。

（2）对"渗透"把握得不够准确。

（3）所渗透的性健康内容与学科教学内容之间的契合点不够恰当，显得很牵强。

（4）过分强调性知识的传授，却忽略了心理教育。

基于以上问题的存在，我们的研究将着眼于将性健康教育与学科教学内容进行有效契合，在学科即课堂教学中渗透性健康教育内容，使性健康教育形式更加多元化，达到含而不露、润物无声的效果，力求探索出更加自然、恰当、有效的形式和内容，实现学科教学中渗透性健康教育目的的有效方法。

本研究的开展，是在上一阶段研究的基础上（我们已出版高年级性健康校本教材）进一步深入的，但重点将落在：实践大纲内容，全面推进、促进学生全面发展这一目标上。在理论层面上，促使教师们对性健康教育的理念、知识、理论有更加全面、系统的认识、了解和提高，将有利于丰富性健康教育工作的目标、内容、方法和原则以及管理等方面的理论；另一方面，从实践角度，开展此项研究可以帮助学校进一步认识到开展性健康教育的重要性，不断探索和总结积累适合学生接受的、有效的性健康教育的方法和模式，及时发现工作中存在的问题与不足，力求能真正解决学生生活中遇到的实际问题，为青春期性健康教育在小学顺利、有效地开展，探索出有效的模式、方法和途径，促进小学性健康教育效果的不断提高，为学生的健康成长奠定良好基础，达到促进学生身心健康、快乐成长的最终目标。

三、研究的内容

本课题研究的主要内容：本课题将以课堂教学为切入点，研究和探讨在学科教学中渗透与之有相关的性健康教育内容，总结出学科渗透性健康教育的有效方法，为小学性健康教育的全面开展与实施探索出有效的模式。具体研究内容如下：

（1）以探讨小学各年级学科教育内容与《北京市中小学性健康教育大纲（讨论稿）》中相关要求的结合点为本课题的切入点，从而将性教育内容定位在相关学科中，探索并总结出学科渗透性健康教育的最佳教学内容和切入点。

（2）结合《北京市中小学性健康教育大纲（讨论稿）》要求，设计并实施在不同学科教学中渗透性健康教育的模式和方法，从而探讨出一套适合学生、学科教学以及性教育大纲要求的学科渗透的方法和优秀课例。

（3）总结、建立学科渗透性健康教育模式的评价体系，为性健康教育的学科渗透探索出有效的方法。

四、研究的方法与过程

（一）明确方向，顺利开题

2011 年 3 月，在总课题组的统一安排下，我校积极行动，在仔细分析学校心理教育现状的基础上，确定了以"学科渗透"为主题的研究方向，为了达到"全员参与、全面促进、全面落实、整体提高"的目的，我们的渗透研究确立在所有学科、所有年级展开。初期准备阶段，全体课题组成员认真学习心理专业知识，明确课题研究的重要性和研究目标，制定详细的课题实施步骤、方法及阶段性目标。通过对问卷调查、访谈、观察等前期调研结果的分析，发现学生中存在的实际问题，在对问题进行整理、分析、归纳的基础上，结合学校实际和学生的具体情况，查找、阅读大量相关资料，完成开题报告的撰写，参与并通过专家论证，正式开题。

（二）加强理论学习，梳理研究内容

课题研究初期，我们认真研读《北京市中小学性健康教育大纲（讨论稿)》，进一步认识到：青春期性教育目标是使学生成长为健美、自信、快乐的魅力男生、女生，而实现这些目标的基础就是要了解自己、悦纳自己、保护自己；学会尊重、沟通、拒绝等交往技巧。心理学研究表明：良好的人际关系、正确认识自己都是身心健康发展的必要前提。因此，课题组成员又有计划地反复学习了教育部颁布的《中小学心理健康教育指导纲要》；共同学习了《儿童心理学》《儿童发展心理学》《小学学科渗透性健康教育教案集》《中国当代性伦理》，以及未成年人系列读物《我长大了》《少男少女之多少》《解读青春密码》《成长路上》《引领孩子度青春》等书籍。通过学习，教师们更加明确了课题的研究方向，在专业知识、教学方法上也有了进一步的提高。

（三）以课题为引领，加强校本培训，提高全体教师心理教育水平

为了使课题研究收到实效，我们采用专家讲座、课题校本培训、自学等多种形式组织教师学习，从不同角度提高全体教师性教育理念和知识，并与学科教学相结合，以教研组为单位，在备课过程中寻找渗透点，进行学科渗透的研究。

2011年4月，我们针对课题研究进行了校本培训。在培训中，向全体教师解读了《北京市中小学性健康教育大纲（讨论稿)》中涉及小学的相关内容；将学校子课题"小学学科渗透性教育大纲的实践研究"开题报告向全体教师解读，让教师们充分了解课题研究的目的、方法、要求等内容，为顺利开展研究做了充分准备；我们还结合课题研究，将搜集到的、与课题相一致的多个学科渗透课例展示给大家，并进行分析，使教师们通过实例分析，更加明确地了解课题研究的方法，提高了课堂实践研究工作的能力。

在全面开展性健康教育课题研究的过程中，我们坚持从学科角度和学生的认知规律、实际水平出发。在上一课题的研究中，我们以"部分"为突破口，层层推进，全面展开性健康教育。而在本次研究中，我们为了提高研究的广泛性，随着学生的成长和需求，真正得到适时的性健康教育，真正落实《北京市中小学性健康教育大纲（讨论稿）》的内容与要求。

（四）以校本教研为依托，展开尝试与研讨

在完成一系列培训的基础上，我们开展了扎实的探索工作。首先，以校本教研活动为依托，将渗透研究与学科教学研究相结合，发挥教研组全体教师集体的智慧；以年级、学科为单位，研究、探讨双册教材中最适合做渗透的教学内容，将其撰写出渗透课例，学校汇总后，经过分析，总结出优点与不足，将结果反馈给教师们，以求在后续的工作中加以借鉴和改进。

第一轮教学设计结束后，我们经过反复分析研讨发现，教师们对学科渗透还存在许多畏难情绪，尤其是数学学科，难度最大，可渗透的教学内容少之又少，绝大多数学科都认为有切入点，但是渗透教学也存在一定的难度。总之，问题主要体现在以下几个方面：

（1）切入点选择的不够合适，感觉比较牵强。

（2）渗透的内容把握不够准确，有待进一步探讨。

（3）渗透的形式比较死板，感觉是为了渗透而渗透，存在较多"贴标签"的现象。

课题组不断分析，总结发现其中的原因可能包括以下几方面：

（1）因学校要进行抗震加固，教师们急于追赶教学进度研讨匆忙，欠深入。

（2）对于课题研究还存在一定的畏难情绪，对性教育的理解还存在局限性。

（3）尚未完全理解"渗"的含义。

（五）总结不足，加强培训，再实践

在暑假中，学校聘请有关专家，多次组织教师进行教科研、心理的培训，开展教育教学经验交流，使教师们的综合素质得到进一步提升。开学前的学科教学说课比赛，开学初的课堂教学展示活动等，促进了教师们对教材的深入理解和把握，在此基础上，我们要求教师结合单册教材内容，每人写一篇渗透教案，强调要找准学科内容与性健康教育内容的契合点，设计切入的方式，鼓励教师大胆实践。在日常教学中加强对渗透教学的尝试，逐渐形成一种理念和习惯，使性健康教育的学科渗透成为学科教学的常态行为。在开学初的一个月内，教师们共设计性健康学科渗透教案57篇，虽然水平还很有限，但是，我们从中看到，绝大多数教师能深入思考，从教材中挖掘渗透点，结合学科特点进行设计，并能主动学习关于性健康教育的知识，反复斟酌，提高了对渗透教学研究的主动性，效果也有了很大程度的提高。当然，其中还存在许多值得深入研讨的内容，但可喜的是，这艰难的第一步已经迈出了。

（六）课题研究初见成效

经过教师们不懈的努力，我们的研究取得了令人满意的成果。2011年12月，我们受"北京市中小学性健康教育大纲实践研究"课题组委托，承担了课题中期汇报小学组分会场任务，即课题进展、中期成果汇报、交流、评比活动。学校在中期汇报会上，介绍了课题从开题论证到中期的进展情况，课题负责人对开展课题研究及取得的部分成果进行了汇报，并重点总结了在研究工作中所遇到的困惑，分析了研究中的不足以及亟待解决的问题，汇报了下一阶段研究工作的计划和安排。中期总结紧紧围绕课题进展情况，详略得当，受到课题评审专家的一致好评。在中期研究展示会环节，在课题负责人的带领下，学校共展示了四节学科渗透课，分别是三年级语文、四年级品社、五年级数学和音乐，这四节课，从不同的学科、不同的角度、运用不同的方法，在不同的年级对学生进行了与学科特点和内容相结合的性健康知识和能力的讲授，内容不多，时间不长，但是都很好地达到了渗透目标，受到与会专家、海淀区教委领导和评委们的一致认可和赞许。中期汇报活动正值海淀区心理活动周期间，因此受到媒体关注，活动在海淀区教育新闻频道播出，受到领导、专家称赞和社会的高度认可。此次所展示的学科渗透课分别获得市一等奖、三等奖，课题总结获中期汇报一等奖。

随着课题的深入，教师们的研究氛围越来越浓，越来越深入，越来越贴近学生需求。2012年8月，我校教师参与在北京召开的"第四届全国学校性健康教育学术研讨会（国际论坛）"4人论文分别获得一、二等奖，学校课题负责人刘娅军代表北京的小学课题组参加大会经验交流，受到与会国内外专家和所有参会人员的一致赞许和认可，这又一次证明了我们的研究初见成效，我们的实践是有价值的。

在研究过程中，我们的教师队伍也在不断成长和壮大，因课题研究成效显著，我校课题组的教师还承担了海淀区开展的"青春健康教育"课题试点学校的多项工作，课题负责人刘娅军多次承担海淀区青春健康教育项目的培训与课程研发工作，我校在性健康教育研究中，充分发挥了所在地区的引领和辐射作用。

五、研究的成果

（一）教师获奖情况

我校教师的获奖情况如表1所示。

表1　　　　　　　　　　　　　教师获奖情况

成果名称	著作者	成果形式	发表刊物或出版单位	发表出版时间
《立足学生成长需求，依托"北京市性健康教育大纲实践研究"探索学校的性教育》	刘娅军	论文	北京市青少年性健康教育国际论坛暨第四届全国学校性健康教育学术研讨交流会论文评比一等奖	2011年8月
《浅谈低年级班主任工作中渗透性教育》	王亭懿	论文	北京市青少年性健康教育国际论坛暨第四届全国学校性健康教育学术研讨交流会论文评比一等奖	2011年8月
《引导高年级学生学会与异性交往方式的研究》	孙艳梅	论文	北京市青少年性健康教育国际论坛暨第四届学校全国性健康教育学术研讨交流会论文评比二等奖	2011年8月
《浅谈英语课堂教学中性健康教育的渗透》	肖丽红	论文	北京市青少年性健康教育国际论坛暨第四届学校全国性健康教育学术研讨交流会论文评比二等奖	2011年8月
《爱在花开之时——谈如何正确引导青春期学生异性交往》	刘雅利	论文	获北京市青少年性健康教育国际论坛暨第四届学校全国性健康教育学术研讨交流会论文评比二等奖	2011年8月

成果名称	著作者	成果形式	发表刊物或出版单位	发表出版时间
《动植物的生命周期》	曹丽娟	说课	"北京市性健康教育大纲修订与实施"课题组说课三等奖	2011年9月
《依托课堂探索性教育模式，扎实渗透落实大纲要求》	刘娅军	经验总结	获"北京市中小学性健康教育大纲实践研究"中期检查评比一等奖	2012年1月
《我的邻里乡亲》	刘娅军	课堂教学	获"北京市中小学性健康教育大纲实践研究"中期检查评比一等奖	2012年1月
《你一定会听见的》	王亭懿	课堂教学	获"北京市中小学性健康教育大纲实践研究"中期检查评比一等奖	2012年1月
《摇篮曲》	马雪莉	课堂教学	获"北京市中小学性健康教育大纲实践研究"中期检查评比一等奖	2012年1月
《分数加减混合运算》	孙艳梅	课堂教学	获"北京市中小学性健康教育大纲实践研究"中期检查评比一等奖	2012年1月

（二）学校成果

我校研究成果如表2所示。

表2 学校研究成果

成果名称	成果形式	著作者
《小学学科渗透性健康教育大纲的实践研究》	开题报告	刘娅军
《小学学科渗透性健康教育大纲的实践研究》	研究报告	刘娅军
《学科渗透性健康教育教案集》	教案集	参与教师

（三）研究收获

通过不断的学习与实践研究以及不断的总结和积累，我们收获了许多，这些收获主要体现在以下几个方面。

1. 教师层面

在全校中开展校本培训、专题讲座，提高了教师们的心理专业知识水平，转变了他们对心理健康教育工作的观念，提高了对心理健康教育工作重要性的认识。组织教师参加相关的论文撰写，参加各级教学科研论文征集、评比活动，使教师们的科研意识和科研能力不断得到增强、提高，从而进一步提升学校的教育科研工作。

2. 学生层面

（1）使学生对所学习的内容产生兴趣，加强了学生对自己的成长过程的关注。

（2）使学生在学习和生活中，逐渐学会并掌握了许多性健康、生命、成长的知识，学会了解决青春期到来出现的各种困惑的方法和技巧，提高了自身的心理健康水平，学会了悦纳自己，学会了负责任（对自己、对他人）。

（3）在心理健康水平提高的同时，学生们的综合能力也得到了提高，促进了学生身心全面发展。

3. 学校层面

以课堂、实践活动为载体，从教师行为、学生行为、师生共同行为三方面研究探讨学生心理教育模式，总结实施青春期性健康教育的有效途径及实施方法，使学校的心理健康教育得到大幅度的提升，促进了学校和学生的全面发展。

六、反思与感悟

（一）课题研究的价值

中小学性健康教育是以建立科学的性价值观为核心的素质教育，学校借助本课题研究以青春期变化为切入点，有计划、有目的地开展学科渗透性健康教育，从生理、心理不同侧面提高了学生对性健康知识、理念、方法的整体认识，实现了促进学生健康成长的目的，为学生拥有健康、幸福的人生做好充分的准备。

小学时期是儿童身心发展历程中的重要时期，是儿童建立正确的人生观、价值观、道德观的关键时期，是身心逐渐走向成熟的关键时期。正确认识自己、悦纳自己、关注自己的成长过程，能促进孩子们心情舒畅、身心愉悦，培养乐观豁达的品格，使他们在当前乃至今后的生活中都能积极主动地适应环境，应对各种困惑和挫折。

（二）开展研究的启示

1. 老师是学生健康成长最好的指导者

小学生性健康教育包括的内容很多，既有知识方面的，又有能力方面的，还有理念层面的，是一个人成长过程中全方位的指导、引领过程，需要随时、及时、全面关注并加以指导。而学生在学校时间比在家时间相对要更长，与同伴交往的时间更多，老师更易发现学生的需求和将要（或已经）出现的问题。而且，在学校开展团体辅导，更容易让学生接受，所以说，老师是对小学生进行性健康教育最合适的人选，对促进学生健康成长起着重要作用。

2. 家校结合是学生健康成长的最佳方式

虽然学校教育对学生的健康成长起着重要作用，但"父母是孩子的第一任老师"是毋庸置疑的，他们与孩子朝夕相处，有着亲密的血缘关系，这决定着父母对孩子的关注、了解是更全面的，教育孩子更是他们义不容辞的责任。因此，父母在性健康教育中的作用是其他人不可替代的。但是，随着孩子年龄的增长，青春期叛逆的逐渐出现，无论学校还是家长都会在教育中出现盲区，这就需要我们双方及时沟通，做到及时、全面地了解孩子的变化，互相帮助，各尽所能，及时有效地对学生进行必要的指导和帮助，从而真正实现促进孩子健康成长。因此，学校应尽可能为家长提供更多的教育资源，例如，加强家长讲座、课程培训次数，完善家校交流平台……促进家校合作，提高教育的实效。

3. 课题和专家的引领是研究成效的保障

学校教育中越来越关注学生的心理教育，关注学生的身心健康。但是，很多学校，尤其是小学，专职心理教师的资源还十分匮乏，绝大多数的心理教育都是由班主任和其他教师们完成的，他们的专业知识水平有限，往往热情很高，成效有限，甚至会出现一定的偏差。因此，专家的引领和课题研究平台都是促进学校性健康教育研究和实施的有效途径。

通过两年的课题研究，我们在实践中更加深刻地认识到性健康教育的意义与价值，并将坚持不断地研究下去，为孩子们健康、快乐、顺利地度过美好的小学时光护航。

在小学校本课程中渗透交往内容的研究

北京市西城区炭儿胡同小学　　王晓妹

一、研究的背景

苏霍姆林斯基说："要使孩子能成为有教养的人，第一，要有欢乐、幸福及对世界的乐观感受。教育学方面真正的人道主义精神就在于珍惜孩子有权享受的欢乐和幸福。"苏霍姆林斯基的话给我们启示，幸福的感受与感悟是需要从小唤醒与培养的，它是教育的起点与归宿。从这个角度去思考教育的问题，我们想：为学生的幸福人生奠基就是我们基础教育工作者的神圣职责——为孩子创设民主、和谐、愉快的教育氛围，发现每一个孩子的独特世界，帮助他们获得多元化的发展与成功，这是我们应该做的和我们所能做的。

基于以上认识，我校在各项研究工作开展的过程中，始终以《北京市中小学性健康教育大纲（讨论稿）》为主旨，将校本课"心理与健康""形体课""跳绳活动课""美德课"作为实施平台，将子课题确定为在"小学校本课程中渗透交往内容的研究"，通过学科渗透的方式，使学生自然、顺畅地了解性生理及性心理知识，正确认识不同时期的男女性别角色，加强性观念和性道德的教育，使学生的身心得以成长。与此同时，我校依托西城区小学生心理及性健康教育专题研究项目，把心理及性健康教育落实在日常工作中，通过提升教师心理品质、开设校本课程、教师育心、开展丰富多彩的心理健康教育活动等一系列工作，帮助学生解决成长中的问题，把孩子们最好的品质挖掘出来，成就最优秀的自我。

二、研究的理论依据

性健康教育引导人们在人生各阶段，成为健康、自信、快乐的男性和女性，能够幸福地度过一生。中小学性健康教育是人生性教育的组成部分，是引导青少年成为健康、自信、快乐的少年和少女，为成功进入成年社会打下基础的过程。

在研究过程中我们始终以《北京市中小学性健康教育大纲（讨论稿）》为理论依据，坚持科学的和可持续发展的性价值观念，坚持符合中国国情的性道德意识、法律规范，开展适合青少年成长需要的性健康教育。在实施过程中要坚持以育人为本，根据小学生身心发展规律和特点，适时适度地向学生提供符合其认识水平的、科学的、综合的性健康教育，在促进学生身心全面和谐发展的同时，为适应以后的人生阶段奠定良好的基础。

三、研究的目标和内容

（一）研究的目标

本研究将探索关于"借助学校校本课程'心理与健康''形体课''跳绳活动课''美德课'的学科渗透中的交往内容"的研究，在团体中，使学生了解性的生理知识，正确认识不同时期的男女性别角色，加强性观念和性道德的教育，使身心得以成长。

通过组织丰富多样的体验活动，引导男女同学正常交往，在满足异性交往需要的同时，又促进异性交往的健康进行，并且互相学习，增进了解，愉悦身心。使学生从生理到心理都从容应对自己的变化，平稳地迎接青春期，顺畅地度过一生。

（二）研究的主要内容

1. 生理卫生内容

引导学生了解自身变化的情况和有关问题，并懂得正确认识和对待生理变化；了解男孩与女孩的性别差异，掌握必要的男女两性生理及卫生保健的基本知识。

2. 心理健康内容

引导学生了解有关男女之间的心理差异，学习异性交往的方式，培养男女合作意识，培养学生善于与人相处，在交往中互助合作的精神，对己严格，对人宽容的积极心理；使学生了解青春期心理卫生保健的知识，懂得如何使自己的心理保持健康状态，并养成良好的心理卫生习惯。

3. 生命教育内容

教育学生尊重生命，坦然面对死亡；树立正确的人生观和价值观。

4. 提高技能内容

通过学习引导学生学会自我保护，掌握预防性骚扰和性侵害的知识和技能。

四、研究方法和对象

针对在交往过程中，学生识别性角色和明确性社会行为能力遇到的问题，制定解决策略。在我校小学校本课程中渗透交往内容的研究，面向小学低年级（一、二年级）、中年级（三、四年级）、高年级（五、六年级）三个学段的学生实施性健康教育内容。

（1）心理与健康课：通过团体辅导活动，正确引导学生悦纳自己和他人，学习合作的策略和方法，领悟合作的合理分工，体会合作的快乐；对高年级的男女生，通过心理体验活动，使学生认识异性交往是人际交往的重要内容，形成对异性交往的正确认识，学习并掌握与异性交往的正确方法和技巧。

（2）形体课：以形体动作和形体表演为载体，引导学生明确性别角色，发挥性别特点，学会与人友好相处和谐交往，体会与同伴交往时的快乐，建立同学之间的友爱情感。

（3）跳绳活动课：通过完成不同的动作技巧，体会男女生性别特点，感受男女生配合的优势，在体育活动中悦纳自己和异性。

（4）美德课：通过游戏、歌曲、艺术活动、激励人心的引言和故事等，系统地帮助孩子们理解美德的深刻含义，并激励他们把美德付诸行动，共建一个美好的世界；引导学生使用美的语言、美的行为与同伴交往，促进学生成为开朗、健康、自信的"我"。

五、研究的步骤

（一）确定研究计划

以西城区"小学心理及性健康教育"专题研究为指导，以学生身心健康发展为本，注重提高学校心理健康与性教育的整体水平，促进学生健康、和谐发展。

在课题研究的初始阶段，学校成立了课题研究小组，分别由校领导、课题负责人、课题实验班的班主任组成。此后研究小组除了学习理论知识、了解心理及性健康教育动态，增长心理及性健康教育技能外，还结合研究课题组实验班级进行问卷调查，根据课题研究需要，组织填写"学生课前性健康教育调查问卷""学生课后性健康教育调查问卷""班主任性健康教育调查问卷"。要求学生和老师对问卷中的问题认真如实回答，对结果进行分析，以揭示性教育课程的可行性。结合数据分析及班级学生实际，编写可行的性健康教育活动方案。

（二）落实研究措施

实施心理及性健康教育并非一朝一夕之事，在研究过程中，我们努力将心理及性健康教育渗透至学校一点一滴的教育中。

1. 渗透至课堂教学中

依据《北京市中小学性健康教育大纲（讨论稿）》，将性健康教育中交往内容的研究，渗透至小学校本课程"心理与健康""形体课""跳绳活动课""美德课"中。同时，结合大纲在各学段具体的性健康教育内容，选择适合学生年龄特点和发展的内容渗透至其他学科。例如，语文课上，老师启发学生发现人物描写突出男女性别美，人物关系描写突出和谐交往方式等；美术课上，通过色彩和线条美，启发学生发现男孩和女孩各自性别的美；形体课上，以形体动作和表演为载体，引导学生体验男女性别差异，初步建立性别角色意识，悦纳自己。

2. 渗透至学校育人活动中

（1）多种方式的培训激发教师内在潜能。

为了提高教师有效开展心理及性健康教育的能力，我校通过专家讲座、读书学习、沙龙活动等方式，普及专业知识、研究发现问题、交流研讨策略，引导教师在学习中实践、在实践中思索，激发了教师的工作热情和内在潜能。

（2）不同形式的辅导解决学生实际问题。

"育心卡"解决学生的个性问题与特殊问题。每学期开学初，学校都会为每位教师印发"教师育心登记卡"，引导各科教师利用课余时间针对在日常学习、生活、交往中出现问题的特殊学生，随时随地地进行育心教育。通过与孩子交流，发现孩子出现问题的原因，针对需求制定帮教措施、给予方法的指导、及时记录反馈情况。

"心理咨询室"为孩子们创设了一个温馨、宁静、开放、舒展的心灵释放空间。在以"大海"为主题的心理咨询室中，心理教师通过音乐、共情疗法引导孩子放松、倾诉，并通过心理暗示及心理软件干预等手段帮助学生化解心中的不良感受。几年来，心理教师共进行个别辅导 30 余次并建立了辅导档案，记录辅导过程、效果及反思。对于问题较为严重的学生，心理教师还与班主任、家长联系，指导他们有效配合，进行跟踪辅导。

3. 渗透至家庭教育中

由于学生家长与学生固有的血缘关系，感情和伦理道德上的内在联系，家庭教育直接影响着学校教育的效果，也是学校教育所不能代替的一种力量。因此，在课题的研究与实施中，我校还积极组织实验班级家长及部分年级的家长参加区级健康教育培训。学校认真做好宣传组织工作，安排专人负责签到，回校后及时向学校反馈培训参与情况，对组织突出的班级、按时参加培训的父母给予表扬，引导家长在关心子女的生理健康的同时，还要关心孩子们的心理及性健康，培养孩子健康的性心理，提高他们的责任感、独立性、自尊心和自制力，养成乐观进取的精神。

（三）实施研究的途径

1. 通过研究整理归纳出适宜小学各学段开展的心理及性健康教育的内容

根据区青春健康教育课程框架，及我校承担的"交往""保护"两个研究主题，遵循小学生身心发育特点并结合学校实际情况，我们认为小学生心理及性健康教育内容应涵盖性生理、性心理、性法制、性审美四方面。性生理包含了生理卫生及保健知识、生命的形成、青春期生理变化、预防性传播疾病的教育；性心理包含了生命的成长、性别角色认同、青春期心理变化、异性间及同性间的人际交往的教育；性法制包含性的法律常识和预防性侵犯的教育；性审美包含健康的美、外在美（两性的语言美、服饰美、行为美）、艺术美（各种形式的人体艺术、音乐及舞蹈中的两性魅力）的教育。

2. 探索具有我校特色的实施心理及性健康教育的多种途径

在研究与实践中，探索出具有我校特色的实施心理及性健康教育的多种途径。我们遵循课题研究方案运用了多种途径对学生实施教育。

（1）专题课教学。在课题组教师完成活动方案编写的基础上，认真开展校内研讨课活动，将活动方案实践于课堂，并且聘请专家给予专业指导，完成低、中、高年龄段"交往"与"保护"主题的课题研究外，还由专职心理健康老师利用健康课和心理健康课在班级进行以性健康为主题的专业教育。

（2）渗透课教学。我校的校本课程"心理与健康""形体课""跳绳活动课""美德课"，以渗透式教学，将校本课程和性健康教育中交往内容的研究紧密结合。

低学段（一、二年级）的实施目标：认同性别角色；初步学习表达意愿以及与家人、同学和谐沟通的方法；掌握对父母的爱、教师的爱、对同学的爱基本层面的理解和表达方式；初步学会沟通，建立互相帮助与合作的意识和能力等。

中学段（三、四年级）的实施目标：悦纳自己的身体和性别，积极发扬本性别的优势；在交朋友的过程中建立友好关系的方法；表达友好情感的方法；掌握遇到问题沟通的方法；了解人际关系中尊重、责任、体谅、合作与付出的含义和做法以及每个成员在家庭中的角色和责任，与父母沟通的方法；学会同龄人在交往（游戏、体育活动）中的自我保护等。

高学段（五、六年级）的实施目标：掌握性心理健康知识与技能，悦纳自己身心变化，学习建构健康的性别人格；了解本阶段两性心理变化；初步掌握调控自己情绪的方法等。

六、研究的主要成果

（一）性教育交往内容的研究情况

我们将我校在课堂教学中实施性健康教育大纲，交往内容的研究具体情况归纳如下表所示。

性教育交往内容的研究情况

实施年级	研究课题	教学目标	课程
低年级	《森林舞会》	通过形体动作表演，体验男女性别差异，初步建立性别角色意识，悦纳自我；学习同伴交往的方法，体会同伴交往的快乐，培养互助友爱情感	形体课
	《我们一起做》	通过参与活动，让学生不断体验"一起做"的好处和快乐。通过对生活中常见的合作情景的辨析，了解如何与人合作的小常识，掌握合作中遇到问题时的解决方法	美德课

续表

实施年级	研究课题	教学目标	课程
中年级	《手拉手　肩并肩》	游戏中，感受男生、女生不同的做事方法。练习体贴、友爱、帮助、团结等，共同完成一件事情，感受合作的快乐	美德班会
	《保护自己，正确应对陌生人》	通过活动引导学生辨认危险人物、环境和情境；知道如何提高辨别真伪的能力，学习并掌握自我防范的技巧和方法	健康课
高年级	《闯关游戏》	通过体验闯关活动，感受男女生相互配合、支持、分担的丰富情感，学会悦纳自己的身心变化，构建健康的性别人格，提高自身的体智力活动水平和学习效果	跳绳活动课
	《男孩女孩拉起手》	引导学生初步认识异性交往是人际交往的重要内容，体会男孩、女孩一起玩很快乐。通过辅导活动，使男生、女生在相处中能够相互宽容，相互帮助，相互理解；使男生、女生能了解彼此的共性和差异，发挥各自的优势，共同营造愉快的学习和生活氛围，感受友好相处的乐趣	心理课
	《我的身体我做主》	通过本次活动，使学生了解什么是性侵害，学会用有效方法避免性侵害，树立自我保护意识，增强法制观念，提高自我保护的能力	健康课
	《你好，青春》	了解青春期性意识心理特点，通过辅导活动，引导男生、女生在交往中打破异性交往的隔阂，学会和异性正常交往，克服异性交往的羞涩和恐惧心理，培养学生正确看待异性交往的态度	健康课

（1）通过专题课，为学生传授性生理知识，学生在观念、认知、情感、态度、行为、习惯方面发生了积极变化，打破了对"性"话题的禁忌，重新树立健康、阳光的心态。在参与了心理及性健康教育活动课后，大多数学生都由衷地发出感叹，并写下自己的感受。在进行系统的心理及性健康教育后，特别是中、高年级学生了解青少年期间性发育步骤和身体如何变化，在面对性问题的态度上更尊重、理解他人了。

下面是一些学生写下的自己的感受。

学生①：上了这节课我知道了，女孩进入青春期快，而男孩进入得慢，我还知道了很多在青春期的变化，我感到这节课上得很好。

学生②：通过这节课，使我对青春期有了更进一步的了解，并想办法让有些可以避免的问题加以解决。

学生③：我喜欢这节课，了解了许多关于性器官发育的知识与常识。

学生④：面临青春期我不会再害怕了，我知道了进入青春期的一些变化，这些变化是我长大了的象征，但青春期时脾气会变坏，要控制一下自己。

学生⑤：上了这节课，我知道了人到了青春期身体都会发生一些微妙的变化，例如，长出阴毛、腋毛、胡子（男生）等，女孩每个月都会来月经，所以提醒所有女生要好好保护自己。

学生⑥：通过学习我知道了自己的隐私，并不奇怪，让自己知道不知道的事情，我真开心。我希望我可以更多地了解自己不知道的东西，调整心态，好好学习未知的知识，我太高兴了。

学生⑦：我知道了到了青春期的一些变化，女生会来月经，当我知道这些的时候我并没有做好心理准备，更重要的是，我一定要保护好自己，不让自己受到伤害，也不要太担心，因为这是每个女人都要经历的。

学生⑧：我以前就是不敢面对，觉得很不好意思，不过通过老师一讲，我反而觉得自己身体很健康，我变得轻松了许多。以后自己有状况时可以勇敢地问老师了。

（2）通过渗透课，将性健康教育大纲中交往内容的研究和我校的校本课程有机结合，课堂上教师通过可爱的卡通图片、生动的视频短片、快乐的游戏体验使孩子们在宽松、平等的学习氛围中，了解知识，掌握方法，正视交往问题，做开朗、健康、自信的"我"。

我们将学生在课前和课后的问卷调查进行了对比及问题数据分析。其中数据显示，低年级学生通过学习，孩子们了解了自己的性别特点和优势，懂得了男孩、女孩之间应该互相帮助，尤其是在合作活动中，作为男孩应承担重体力、耗时长、难度大的任务；而女生应承担轻体力，做事态度认真、细致且相对容易的任务。合作中遇到分歧时应该商量解决，大家一起完成。

中年级多数学生能和异性和睦相处，遇到问题能够站在对方的角度，换位思考。在参与班级活动时能够体现出男生、女生的性别优势，彼此悦纳。在校级比赛活动中，对于为班级争得荣誉的同学，能用得体自然的方式主动向对方表示祝贺。生活中，懂得宽容、理解对方，遇到问题不像以前那样斤斤计较，而选择和平解决。在合作活动中，能够自然地与异性同学手拉手参与。

高年级学生已经能够正确认识自己和异性的性别差异，悦纳自己的性别角色。能与异性大方交往，当出现需要身体接触的活动时，大部分男生能够主动大方的参与，并体验到和女生共同合作、参与活动是快乐的事情。同时，学生能够意识到男生、女生之间的独立交往，必须要把握好适度的原则，在学业和生活上互相帮助，共同进步。

（二）教师获奖情况

李响老师的"跳绳活动"说课，荣获"北京市中小学生性健康教育大纲实践研究"项目中期检查评比三等奖；"闯关游戏"课例，获得"北京市中小学性健康教育大纲修订与实施"课题小学组说课比赛二等奖。

王晓妹老师的"森林舞会"说课，获得"北京市中小学性健康教育大纲修订与实施"课题小学组说课比赛二等奖；"森林舞会"录像课，荣获"北京市青少年性健康教育国际论坛暨第四届全国学校性健康教育学术研讨交流会"课堂实录一等奖。

黄俊老师的"心理体验活动"说课，荣获"北京市中小学生性健康教育大纲实践研究"项目中期检查评比三等奖；"我的身体我做主"课例，收录于西城教委小教二科、西城健康中心出版的《西城区小学生心理及性健康教育活动设计》；"她、他不一样"课例，在西城区小学"智慧教师 生命课堂"课例研讨活动中获三等奖；"男孩女孩拉起手"课例，荣获北京市教育学会教育心理学研究会举办的 2012 年度"团体心理辅导优秀课例评选活动"。

（三）培养锻炼了教师队伍

课题组的教师在参与研究后深有感触地说："课题实验促我学习，在阅读相关书籍的过程中，自己加深了对心理健康教育目标的正确认识；课题实验引我探讨，在与课题教师们的研究、交流中，自己根据孩子们的认知特点编写活动方案的能力得以提高；课题实验使我改变，激发孩子与我们自己最好的内在品质。作为一名性健康教育的研究者和实施者，我们首先要树立科学的性观念，只有先改变自己，才能带动更多的人改变，才能正确地对待孩子的天真，采取更有益于孩子的教育方式，真正做到为孩子的一生服务。如今，我们慢慢地摸索着，努力地实践着，深深地感受着……我们与课题研究一起成长着。"

通过课题研究，我们培养锻炼了一支教育观念新、科研能力强、具有一定心理教育理论基础的教师队伍不仅使学生受益，而且使教师们更新了理念，掌握了课题研究的基本方法，养成了学习、实践、反思的良好习惯。

七、研究后的思考

（1）用科学的理论做指导，是课题取得成功的有力保障。自课题研究开展以来，我们始终以科学的理论作为指导思想，在研究过程中不断组织课题组教师学习先进的思想与理论，首先使教育者本人的观念发生根本的变化，在此基础上，教师再用自己的观念去教育和影响学生，必然使学生的观念、思想甚至行为发生变化，从而获得显著的研究成果。

（2）在小学开展性健康教育非常及时与必要，有利于从小树立健康、科学的性观念和培养高尚的性道德，塑造学生健全人格，为今后幸福人生奠定基础。

（3）学校开展的性健康教育在内容和尺度的把握上非常适宜小学生，以专题课、学科渗透、日常教育相结合的教育途径有利于全面实施性健康教育大纲，使学生更深刻领会性教育。小学是人全面、健康、主动发展的奠基阶段，我们愿通过我们的教育与引导、付出与努力，为学生的幸福人生做好准备！

参考文献

[1] 黄佳. 花季雨季. 长沙：湖南人民出版社，2007.

[2] 吴若梅，等. 青春期的故事. 北京：科学出版社，2007.

[3] 闵乐夫，等. 青春期性教育教师实用手册. 重庆：西南师范大学出版社，2007.

[4] 渠淑坤. 青春期性心理健康与咨询. 北京：中华工商联合出版社，2008.

[5] 吴来苏. 性伦理学. 北京：中华工商联合出版社，2008.

[6] 胡萍. 成长与性. 北京：科学出版社，2008.

[7] ［美］谢弗. 发展心理学. 北京：中国轻工业出版社，2009.

[8] 孙云晓. 阳光法性教育. 南京：江苏教育出版社，2009.

[9] 青苹果网站 http：//greenapple. bjmu. edu. cn/up/home. php.

[10] 小学生科学性教育网站 http：//baby. sina. com. cn/xing-kid.

点亮心理健康的航灯

北京市羊坊店中心小学　王朝晖

卡耐基曾指出："一个人的成功，百分之十五取决于智力因素，百分之八十五取决于非智力因素。非智力因素包括人格、讲话艺术和处世本领。"而《小学语文新课程标准》的课程基本理念中很明确地提出：语文课程应培育学生热爱祖国语文的思想感情，语文课程还应重视提高学生的品德修养和审美情趣，使他们逐步形成良好的个性和健全的人格，促进德、智、体、美的和谐发展。可见，语文因其学科特殊性，将是对学生进行心理健康教育的不可或缺的主阵地之一。作为小学语文教育工作者如何合理利用教材，培养学生健康向上的心理，对学生进行心理健康教育呢？通过笔者多年来的实践与总结，我认为可以从以下几方面入手。

一、"千锤万凿出深山"——多提高

孩子的言行既是家长的一面镜子，也是老师的一面镜子。老师的心理健康直接影响着学生心理的良好发展，老师的不良心理行为容易使学生产生对老师质疑的心理问题，即老师自身就必须要有健康的心理素质才能做到"学高为师，身正为范"，才能让学生"亲其师，信其道"。因此，作为教育工作者，我们要不断学习有关心理健康的知识，将理论与实践相结合，不断提高自身心理素养，在教育学生的过程中教师要以一颗赤诚的爱心来面对所有的孩子；以一颗宽容的心悦纳每一位学生；以一颗善良的心关心每一位学生；以一颗赏识的心鼓励每一位孩子；以一个智慧的头脑来引领每位学生；以一个健康的心理来感染每位学生健康的心灵，老师要真正在"教书、育人"中与学生共同成长、共同提升。

二、"千树万树梨花开"——多渠道

(一) 寓"教育契机"于"阅读教学"

小学语文教材蕴含了大量的心理健康因素的课文。例如，有些课文内容表现了对祖国、对家乡的热爱；有的是要培养学生有集体荣誉感；有的是与他人和睦相处；也有的是要勇敢、要有毅力等。因此，我们的语文老师要充分利用课堂这块主阵地，以教材为载体，通过各种形式的教学活动，创造性地使用教材，深入挖掘教材中的心理健康因素。而且现行教材所选编的课文不仅是思想性强、情感丰富、文质兼美的好作品，而且课后都有"感情朗读"的要求。教师可以采用"精讲多读、以读代讲"的教学策略来落实感情朗读，使每节课用来读书的时间不少于时间总量的二分之一。特别是对于中段语文教学，尤其要以读促思，以思促悟，以悟促行。让学生在读读悟悟、悟悟读读中，受到文中人物品质的熏陶、激情的感染、情感的触动、美感的陶冶等，从而在潜移默化中培养学生健康的人格。

比如，在教学《装满昆虫的口袋》时，为了让孩子感受到法布尔做事认真、热爱昆虫的品格。我和学生利用师生分角色朗读，创设了一种和谐愉悦的学习氛围。在读法布尔找到"歌唱家"部分，请班上的"小歌唱家"来读，也为学生树立了榜样；在读父亲训斥法布尔的句子时，我先创设情景，再让学生自己体验读，接着全班表演读……通过各种形式的读，学生很快就能抓住关键词，体会法布尔对昆虫的迷恋程度之深，而且理由充分，以至于最后学生在完成"在写给法布尔的话"时，孩子们的发言相当精彩。我相信孩子们在朗读的过程中将法布尔的个性品质已深深地印在了他们的内心深处。

(二) 寓"人生观、世界观"于"课文内容"

人生观和世界观是人格结构的核心。中小学生，特别是小学生处在人生观、世界观的形成时期。有了科学、正确的人生观和世界观，才能对社会、对人生、对世界有正确的认识；才能采取正确的态度和相应的行为方式生活。作为语文老师应该充分利用语文教材，让学生在读、说中认识人生观和世界观。例如，三年级教材"亲情"单元，通过学习让学生理解到亲情不仅表现在物质方面的给予，还体现在精神方面的关怀，甚至是为亲人献出宝贵的生命。在讲《珍珠鸟》一课时，通过对文中"我"和"鸟"的感情体会，让学生认识到人与动物应和谐相处。在"尊重与平等"单元，课文《元帅的故事》通过两个元帅——彭德怀、朱德，认识到即使是国家干部也不能搞特殊……

（三）寓"情感体验"于"实践活动"

除了课堂上不失时机地对孩子进行心理教育，在课堂外我们同样可以结合语文教材通过实践活动，引导孩子树立健康向上的心态。例如，北师大教材第六册的第七单元是主题为"特产"的开放单元。我们从课文内外让学生搜集全国各地的特产，培养孩子的世界观，增强学生的荣誉感，开阔学生的眼界，使学生感受到祖国的博大、物产的丰富，学生的爱国热情油然而生，对祖国的山水产生了向往之情。我们还可以教导学生从身边入手，搜集双流的各个镇的特产，把这种对祖国的热爱迁移到眼前，对家乡的热爱。这个活动既让学生了解了知识，也从侧面激发了学生探寻周边生活的好奇心。同时，通过各种分工合作、小组交流及与他人的沟通交流，让学生在活动中建立良好的人际关系，也让学生明白了要想小组成功，必须要共同克服各种困难和要维护集体荣誉感等道理。

（四）寓"修身养性"于"写字教学"

识字写字教学也是一个培养学生心理健康的有利环节。因为表面看写字教学似乎是一项比较枯燥乏味的教学活动，但如果教师激发得当，也能培养学生长期的学习兴趣。在写字教学中我常以著名书法家王羲之练习毛笔字的故事激励学生坚持不懈，这样既满足了学生的心理需求又使学生意识到任何事要想成功并不是一日之功。而识字教学中，我巧借识字中课堂生成，进行了有效"点拨"使学生从中受到感悟。在教授"射"字时，我让学生观察单独写"身"和这个时候的字有什么不同？学生很快就找到了，身子的一撇没有穿出，我紧跟着追问为什么在这里这个身字的一撇不穿出呢？学生结合以往的知识答到：这样会撑破格子，这样字太大了不好看。于是我说："如果你就是这个寸字，你会对它说些什么呢？"学生很激动地说："谢谢你！我们永远是好朋友！我永远都会记住你！是你让我们成为了一家人……"我抓住这个时机，总结说："是啊！两个想要成为一家人的字，为了能快乐地生活在一起宁可委屈自己，那在我们生活中为了让大家生活得开心、和谐，我们又该怎样与我们的同桌、邻居、亲人相处呢？"这时教室里一片寂静，我想不用说，孩子们已经知道怎么做了。

（五）寓"心灵交流"于"习作教学"

有时候小学生面对的问题可能通过自我调整仍不易解决。如果教师不够细心或了解不够，易使学生走入更深的障碍区。为此，教师可以通过开设班级秘密"知心信箱"，让学生通过写信、写作文将自己的心声吐露出来，便于教师了解事情的原委，从而做到与学生更好地沟通，起到更好的心理调解作用。学生通过书信传递的悄悄话，把自己内心深处的喜怒哀乐真情流露。这样教师能够更好地捕捉学生的悲哀烦恼或快乐，更好地了解学生的心理状况，真正为学生架起一座心灵的桥梁。此外，教师还可采用多种形式的沟通，如单独谈话、课堂上的眼神交流等，不仅加深了师生感情，而且促使学生悦纳自己，增强自信，形成更好的心理品质。因此，习作就是教师培养学生健康心理不容小视的一块"阵地"。成功的教育者总是善于通过日记或是作文同学生进行心与心的交流和互动，特别是对后进生、单亲家庭、留守儿童或有心理障碍的学生尤为重要。同时，在习作教学中，教师要让学生充分回忆、挖掘、探索、研究生活中的事、物、情、理、幻，在此过程中，受到习作内容的熏陶。例如，写父母的作文让学生了解自己的父母，观察父母言行，了解父母的工作和父母的愿望，并对父母说知心话。在习作准备过程中，拉近了学生和父母的关系，同时也激发了学生关爱、体谅、理解父母的情感，懂得要感恩，效果很好。

我至今仍清楚地记得李镇西老师写给他的学生的诗："名字也许太普通，人格永远不会平凡；生活也许较清贫，视野永远不会黯淡；歌声也许会暂停，旋律永远不会中断；理想也许还遥远，追求永远不会遗憾！"试想想如果你是这位收到老师评注在日记本上的诗的学生，你会作何感想呢？我想你肯定也会像这位学生回答的一样：放心吧，李老师！我会用行动回答你对我的期待的。由此可见，通过书信、周记、日记，老师可以比当面谈话更全面、更真实、更细腻地感受到学生的内心世界及其变化，从而更准确、更有效地对学生进行心理辅导。我想这是其他学科所无法比拟的优势，所以请利用好习作这块"阵地"吧！

（六）寓"快乐的心境"于"节日氛围"

孩子们什么时候最快乐？过节时。我们的教学课文中，有许多隐含着不同的节日，如清明节、端午节、儿童节、教师节、国庆节等。这些节日文化中蕴含了取之不尽的教育源泉，以极具亲和力和吸引力的节日活动来激发学生兴趣，增长学生见识，丰富学生的精神世界，培养学生的道德情感，让他们在快乐的节日气氛中变得更加懂事。例如，在"母亲节"的活动中，通过让学生搜集赞美母亲的诗，说一句赞美母亲的话，为母亲做一件力所能及的事。不仅锻炼了学生，而且增进了母子（女）之间的感情，将道德、情感、创新渗透于节日活动中，沁入了学生的心灵，塑造了学生健康的人格。

三、"润物细无声"——多赞美

赞美是一种心灵的雨露。对赞美的需要，深深地植根于每个人的灵魂之中。可以说，需要赞美是人的本性，剧作家莎士比亚曾毫不掩饰地说："赞美，即是我的薪俸。"美国作家马克·吐温也说过："一句精彩的赞辞可以作我十天的口粮。"成人尚且如此，孩子更需要赞美。适时、恰当地赞美，会让孩子受到鼓舞，激发孩子的自尊、自爱、自信。心理学研究告诉我们，一个人只要有一次成功的喜悦，便会激起无休止的追求意念和力量。因此，我觉得赞美应有以下类型：

（1）老师关注全体学生的赞美。在课堂中老师要为学生创造体验成功的机会，引领全部学生积极主动地参与到学习中来，自信达到一个个教学目标。组建学习小组，让每一个人在这个"小集体"中有一定的职务，为每一个学生提供表现的机会。例如，在教学《田忌赛马》一课时，我让学习小组自编、自导、自演这篇课文，进行小组比赛，只见小组中每个人都摩拳擦掌，忙得不亦乐乎。小组内根据每个人的实力自己分工，使学生意识到自身存在的价值，在获得成功体验的同时，增添进一步学习的动力。除了小组活动，我认为在课堂上老师还应具有一双明察秋毫的眼睛，要善于发现学生身上的闪光点，善于欣赏他们的兴趣爱好、一言一行，乃至奇思妙想，还要毫不吝啬地向学生表达你由衷的欣赏，以激励他们不断进步，走向成功。这就需要老师在课堂上积极地表扬勇于发言的学生，当然也要根据学生的性格特点来指出他（她）的错误。赞美需要发自内心，而不是为了迎合学生而否认他的所有缺点，矫揉造作的赞美只会令人反感。几句微不足道的赞美，甚至可以改变学生的一生。

（2）让学生学会自评和他评，能正确认识自我。虽然小学生的自我意识能力在不断提高，但他们还不能充分地认识自我，出现了"自我感觉良好"的过高估计或"不如他人"的过低、自卑的评价。这两种极端倾向都对学生发展不利。此时，老师可用正确恰当的评语，让学生充分认识自我。同时，教师应扩大评价范围，利用学生的朗读水平、写作水平、上课注意力是否集中、手抄报办的效果、作业书写情况、知识掌握情况对学生进行有效、多元的评价。特别是对自卑的孩子，尤其要树立其学习自信心。过于自大的孩子也要使其正视自己的不足。老师可利用课文如《冬冬读课文》让学生明白要相信自己，要大胆。《田忌赛马》不仅学到要善于观察、仔细思考、分析，还应学到不要骄傲的道理。

因此，让我们做一个永远的欣赏者，在学生心灵的沃土上播洒春雨，催发颗颗希望的种子，因为这也是教师工作最大的乐趣。

四、"为有源头活水来"——多拓展

要培养学生高尚的情操，只是老师在课堂上灌、塞起不了多大作用的。我认为，至关重要的还是要教给学生有章可循的方法，这样才能使学生在日常生活中也能提升出做人的品质，培养良好的心理素质。这个有章可循的办法就是——多读，读好句、读好文、读好书。"读一本好书就是和很多高尚的人谈话"，这是高尔基说的。这告诉我们要通过学生的读，让学生的心灵得到不断的完善。所谓"旧书不厌百回读，熟读深思子自知"。读的书多了，很多道理自然就明白了。因此，这就要求我们语文老师要充分挖掘教材，向学生拓展更多与主题思想有关的文章或是书籍，以便学生在课外也能不由自主地进行心理教育，通过实践研究，笔者认为可以从以下几处着手来引领学生拓展阅读。

（一）挖掘课文人物外的人物

北师大版教材都是以主题单元入手，整册教材在以丰富多彩的主题形式呈现在学生面前的同时，也丰富了学生幼小纯真的心灵。例如，第九单元主题是观察与发现，教材为我们介绍了李时珍和法布尔两位善于观察与发现的名人，一位是中国的，一位是外国的。当学完这两篇课文后我们可以启发学生还认识哪些善于观察与发现的中外名人？于是学生纷纷发言：鲁班、爱迪生、莱特兄弟、爱因斯坦……就此老师可以引导学生：你对哪些善于观察与发现的名人感兴趣呢？读课外书时找找吧！学了"智慧"单元，我们了解了充满智慧的人物：孙膑、怀丙和一位年轻的探险队员，那我们还知道哪些充满智慧的名人呢？也可以和学生讨论，学生读课外书时自会留心去找，当他找到以后会兴高采烈地来告诉你，你顺势可以让他（她）给全班的同学讲，"天天故事会"不是就成立了？学生开阔了眼界，讲故事的同学的自信心得到了提升。因此，语文老师一定要做一个嗅觉灵敏的老师，时刻嗅到能和语文相融合的信息，及时地运用教师的智慧将其展开，就有了精彩纷呈的学生喜欢的活动。

（二）挖掘课文以外的课文

学了"可爱的小生灵"这个单元，我们认识了小虾、松鼠，可以引导学生回顾以前学过的描写动物的课文，如《翠鸟》《狮子和蚊子》《小山羊和小灰兔》《鸟》《惊弓之鸟》等，可以组织对学生记忆深刻的文章进行比较，有何异同？同时，这些小动物的文章表达的意思相同吗？为什么不同？你喜欢哪类文章？你能从课外书上找到你喜欢的文章与你的学习小伙伴交流吗？老师传递了一个信息给学生，就是书不只要读，还要交流，书是有交流讨论之处的。不能读哑书，只进不出。

（三）挖掘课文以外的书籍

其实我们学的很多课文都是节选自某本书的一节或是与某位名人有关的一个故事，要想真正走进这些人，从小培养学生高尚的理想、崇高的品德，这就需要我们阅读更多与这篇课文有关或是与这篇课文相似的文章或书籍加深学生的记忆，为他们树立更多精神领袖，同时也向学生有力地推荐出很多适合他们阅读的书籍。例如，教学《赤壁之战》，我们就向其推荐《三国演义》，学习《猴王出世》，我们就推荐《西游记》，学了"智慧"单元，我们可以向学生推荐《大人物小故事》《100个聪明故事》《名人故事》等；学了"亲情"这一单元，我们可以推荐学生阅读《感悟母爱》《感悟父爱》；学了《装满昆虫的口袋》我们可以推荐学生阅读《昆虫记》；学了《信》，我们可以推荐学生阅读《寄小读者》《再寄小读者》。俗话说解铃还须系铃人，老师在课堂上讲也许只能治标不能治本，要想让学生形成良好的心理素质，我认为作为语文老师最应做好的一点就是引导学生多读书，读好书，好读书。

语文学科中有很多可以挖掘的材料能够培养学生良好的、健康的心理。教师要以善良的心态、健康的心理、良好的心智去观察、分析、理解、帮助学生，解开学生可能存在的心结，引领学生健康成长。作为语文教育工作者要让心理健康教育全面渗透在语文学科教育全过程中。

浅谈英语课堂中性健康教育的渗透

北京医科大学附属小学　肖丽红

一、为什么小学需要进行性健康教育

（一）需要在小学进行性健康教育

当今的社会，学生接受知识的渠道特别多，教育超前，社会发展迅速，促使了学生早熟。当学生身边的一切迅速发展起来的时候，学生的身体、心理都还达不到这个年龄阶段。对于有好奇心的学生来说，性健康的知识、性别的知识已经悄然走入了他们的生活。为此，社会、家庭和学校都在探讨，小学是否需要进行性健康教育，而现在我们已经发现，性健康教育必须马上进入小学，必须让小学生尽快了解自我，认识自我。

（二）教育资源的匮乏

目前，在小学进行性健康教育还是一个很大的难题。因为小学生的年龄决定了他们对深奥的知识和语言不了解，讲得多了，接受不了，影响也不好，讲得少了，对学生又起不到作用。因此，目前尚未形成一套适合小学生性健康教育的合适教材。此外，教师资源也不足，没有足够的具有专业水平的专门从事性健康教育知识的教师。

（三）教育内容不易把握

在缺乏专业书籍参考的情况下，又需要我们对学生进行性健康教育知识的教育。因此，教育内容都是我们各个学科根据自己学科知识的特点，随堂对进行的点滴渗透。

（四）教育对象的年龄特点

对于小学阶段的学生来说，家庭的环境也影响到孩子对这方面知识了解多少，接受多少。有的孩子接触得比较多，成熟较早，给他们讲的内容就需要多一些。有些孩子还处于不懂状态，如果给他们讲多了，也可能拔苗助长。让学生分心了，对他们的发展反倒不好。因此，教育内容应该适合教育对象，这也是很重要的。

二、如何在英语教学中渗透性健康教育的知识

在小学高年级英语教学中，性教育知识的介入可以说从开始就存在，但是学生年龄小的时候，还不是太在意，例如，让学生进行角色扮演，让学生之间结对进行对话练习等。随着年龄的增加，学生开始有了性别意识，在做这些事情的时候，学生就会有所顾忌。为此，我做了以下尝试。

（一）培养学生形成自然大方的交往态度

异性是和自己一样的人，具有共同的人性及各种心理活动，在交往过程中，应保持自然大方的态度。例如，我们要进行对话，就应该排除个人的各种态度，学习就是学习，不存在其他因素在其中。我们在学习 body（身体）一课的时候，发现自己在学习各种身体组成部分的时候，大家都是一样的。因此，要正确对待个体的不同之处，就可以正确地和每个人交往了。

（二）引导学生把握好交往的度

教育学生与异性交往时，不能像同性之间那样"亲密无间"，应该建立合适的距离、把握好基本的尺度。有些话题，同性之间可以讲，异性间就不能说；有些玩笑，同性之间可以开，异性之间就不能开。

（三）引导学生学会尊重异性

在教育过程中，引导学生树立对异性的尊重意识，培养健康的性心理，学会文明的异性交往方式。教师可通过各种活动，使学生们了解男女之间在社会发展中各自承担的责任及付出的辛劳，懂得尊重与热爱自己的父母。懂得对异性的尊重是一个人文明素养的重要组成部分。尊重异性也意味着要学会尊重自己，能够接受与悦纳自己的性别，为自己的性别而感到自豪，注意维护自身性别的形象。只有自我尊重，才更懂得尊重异性，也才能赢得异性的尊重。

（四）引导学生学会与异性同学交往

在课堂中，我让学生们在学习英语故事之后进行角色扮演，而且进行比赛，如果一个小组，只有男同学或只有女同学，就会因为语言表现力不够而得不到好成绩，只有不避讳男女生的组，相对表演得比较好。进而，我告诉他们，男同学和女同学在班级活动中同样重要，我们在学习中，应该互相取长补短，把我们的学习任务共同完成。引导同学们将注意力放到学习和建立团结友爱的同学关系上去，这才有利于身心的健康。在交往的度的方面，引导同学们选用恰当的言行举止。

三、取得的效果

英语课堂中，我们在各个方面注意到学生对异性交往的态度，注意到了这些对学生学习的影响，从而采取了各种方法和活动，消除学生两性之间交往的隔阂，使学生的学习活动开展得更为顺利，也使学生在学习中渐渐地正视现实，并认识了自我和他人。我们从文化的角度上，对学生也进行了熏陶。例如，在活动中，女同学可以做精细的工作，男同学可以做体力类工作。我们在班级活动中交往，我们在学习中探讨，并不意味着关系的不正常。我们也可以互相帮助，也可以结对学习，都是为了发展的需要。在课堂中，我们还讲解了中西方在这方面文化的差异，让学生们在认识本国异性交往方式的同时，也了解其他国家异性交往的方式。让学生知道，国外的学生能很正常、很从容地和异性同伴交往，他们不会因为各种感情因素去阻碍自己与异性成为伙伴。学生在学习之后，对异性交往的认识更多了，也知道了自己应该做什么和不应该做什么，从而使课堂教学能更顺利地开展，学生也不再为这些不重要的事情分心了。

作为教师，应该运用良好的心理教育方法，向学生传递各种性健康教育的知识，实际上这种教育应该是无处不在、无时不在的。各个学科、各个学习领域都能够有所体现，我们要学会抓住教育时机，给予学生知识，给予学生正确的认识，让学生成为一个身心健康发展的人。

联系生活实际
促进小学低年级学生身心发展

北京市大兴区第四小学　曹立君

改革开放以来，西方消极性文化通过不同渠道渗入我国，人们的性观念受到了很大的冲击，由性引发的社会问题在我国大量出现，诸如卖淫嫖娼、少女怀孕、堕胎等，形势十分严峻。而且这些问题多发生在青少年身上，严重影响到他们的健康成长。面对社会现实，我们深刻感受到，从小学阶段对学生进行简单的性知识教育将对学生的终身发展具有历史性的意义，加强小学生性健康教育势在必行。

小学阶段，特别是刚刚入学的低年级学生，他们就像一张白纸，谈及有关性的话题，都是坦然的。在和他们的接触中，我认为根据小学教育的特点和小学生身心发展的规律，通过课堂教育教学、游戏、活动、辅导等各种教育途径，本着适时、适量、适度的原则，对他们进行性健康教育，可以促进他们健康成长。

一、借助生活实例，渗透简单的生理知识

小学低年级学生性格单纯、可爱。课间总是喜欢围在老师身旁叽叽喳喳说个不停，把心里话都统统说给老师听，就连家里发生的一点一滴的小事也不放过。一天，在和班里的学生媛媛聊天中了解到，媛媛的妈妈又给她生了个小妹妹，于是我就借用这个话题设计了一节课。

课就从媛媛多了个小妹妹导入，让媛媛讲一讲这几天家里发生的事。她的话刚说完，孩子们就你争我抢地说起来。有的说："我妈妈说怀我的时候，我可不听话了，在妈妈肚子里总是乱踢。"也有的说："老师，我奶奶总是骗我说我是捡来的，不听话就把我给扔掉，我知道我是从我妈妈肚子里出来的。"

这时，媛媛说："我小妹妹在我妈肚子里的时候，我妈妈肚子可大了，就连穿鞋也需要我帮忙，昨天我去医院看妈妈，妈妈肚子小多了。"看着孩子们你一句我一句滔滔不绝地说着，看来他们在这方面已经有了初步的了解。接下来我问："你们知道，你们是怎样跑到妈妈肚子里去的？又是怎样从妈妈肚子里出来的？"这下就更热闹了，孩子们猜起来。在一个个答案都被我否认之后，孩子们着急了，看着他们天真的样子，我慢慢解释着："当爸爸的精子遇到妈妈的卵子，然后受精就在妈妈的子宫里，经过 280 天孕育，慢慢由一个受精卵，发育成胚胎，胚胎先长出胳膊，然后长出双腿，头和尾屈成一团，头部有耳、鼻孔和下巴，再长出手和脚，眼睛，嘴，等到 10 个月时，就像成熟的苹果一样，宝宝就出生了！"孩子们还是有些莫名其妙，这时，我又通过视频，播放了三维动画模拟宝宝出生全过程：子宫颈完全打开后，宝宝可能会感觉到有向下用力推挤的冲动。随着每一次宫缩，宝宝都会向下移动一点。当宝宝头部最宽的部分露出来时，宝宝就快出来了。再用力推几次，宝宝的脸、肩膀和身体就全部出来。看着孩子们一双双瞪大的眼睛，我想对孩子们进行这方面的宣传与教育是很有必要的。

二、抓住突发事件，培养健康卫生的好习惯

小学低年级学生，缺乏生活自理能力，而我校又地处农村，孩子们的家长教育观念守旧，也往往忽视对孩子的生活卫生保健意识的培养，这就要我们老师在生活中，关注细节，注意培养学生良好的卫生习惯和保健意识。

记得刚刚开学不久的一天，学生小鹏由于没有及时上厕所，裤子被尿湿了，哭着来见我，我急忙找来一条裤子，想帮他换上，可小鹏怎么也不换，原来孩子里面是"真空"的，没有穿内裤，很害羞。都是小学二年级的学生了，为什么不穿小内裤呢？我一问才知道，由于小鹏的内裤有些小，穿在身上有些紧，活动不方便，所以在家长不注意的时候，他总是悄悄地脱掉。

事情过后我想就小鹏一人有这个现象吗？经过悄悄调查，我发现班上不穿内裤的同学大有人在。于是我针对这一现象，设计了一节"我的小裤衩"一课。首先引导学生回忆自己是什么时候穿小裤衩的，然后又引导学生讨论"小裤衩有什么作用"。通过讨论，学生明白，小裤衩有保护的作用，睡觉时，可以保护肚脐，以免受凉，肚子疼；最重要的是保护自己"私密处"，防止外伤，防止蛲虫病和外阴感染。我提醒孩子们，每天用清水仔细清洗"私密处"

就不会味儿，不会痒，并建议孩子们不穿过紧的内裤，选择舒适宽松的内裤，内裤要勤洗勤换。通过对小裤衩的认识，学生养成了良好的卫生习惯。

三、通过游戏活动，引导学生认识自己的"身体"

教育专家指出，在 12 岁前，应逐步对学生进行青春期发育的卫生知识教育，预先教给学生一些性发育的知识，使学生们有个心理上的准备，不至于事到临头茫然失措、担心害怕。如果说生长发育现象是一种生物学本能的话，那么如何应对随之而来的一些问题？我们可以利用一些突发事件，即使出现及时帮助孩子了解。

一天，学生金永正双手捂着自己"小鸡鸡"部位，来我的办公室告状。原来课间学生金永正和安国泰一起游戏，玩着玩着，两个孩子的意见不统一，就打了起来，安国泰一脚踢在了金永正的"小鸡鸡"上，孩子感觉有些疼，哭着找我来告状。我觉得事情很严重，如果这次处理不好，今后可能还会发生类似的事情。于是，我下一节语文课的教学内容做了改动。

我首先问学生："你们会玩搔痒痒吗？今天我们就跟旁边的小朋友一起玩一玩搔痒痒。"学生活动后又问："如果旁边的小朋友一直搔痒痒，不放怎么样？"最后问："我们身体的哪些部位很特别，不能让人家摸的？"然后出示男孩与女孩的图片，进行贴图片的游戏。

针对以上三个问题的讨论，通过贴一贴的动手操作，学生们了解了作为男生和女生，都有需要保护的、不能让人触摸的部位，并指导学生理解由于男女性别不同，需要保护的部位也不同。

在当今网络普及、传媒发达的社会，老师和家长们要是还想"遮住"孩子的眼睛，"捂住"孩子的耳朵，似乎已不太现实。所以，我们教师们就需要尝试着用各种方式把它大声说出来。应当培养学生正确认识自己的身体，了解身体的生长情形，培养学生具有和欣赏积极乐观的心态，更纯洁、更科学性地接受合理的性观念、性态度。只有我们关注学生的生活，选择适合学生年龄特点的不同的方法，一定能促进学生身心健康发展。

浅谈在课堂教学中为
低龄智障生渗透青春期健康教育

一、研究的提出

青春期是人的生长和成熟的重要时期。智障学生由于身心存在障碍，受科学知识、生活经验不足的制约，缺乏明辨是非、判断正误的能力。通过课堂教学和生活观察，低龄重度智障生由于年龄偏小、程度偏差，更易受不良和有害因素影响。在日常生活中，会不时呈现赤裸裸的、原始的性动机、性冲动。如果长此发展下去，对日后其成长、成熟都会产生极其不利的负面影响。因此，对低龄重度智障学生进行青春期性健康教育是非常重要和棘手的。

二、研究的目的和意义

智障学生生理发育与普通学校的学生生理发育相差无几，而心理发展则表现为智力水平相对较低，受智力影响在行为上往往表现为缺乏理智，举止笨拙，自控和调节感情能力较差。当他们对性产生好奇，对异性产生朦胧的亲昵和爱慕时，他们的表达方式就显得原始和本能。通过一些行之有效的方法和途径，帮助低龄重度智障学生，正确地认识、理解"青春期"，帮助他们顺利渡过"青春期"是班主任老师进行班级教育工作的职责所在。

青春期性健康教育不同于其他认知学科，仅凭借教师漫无边际的"讲"是毫无意义的。低龄重度智障学生，受认识能力有限的制约，更是无法理解。在实际教学过程中，我发现：在课堂授课过程中，可以适当为学生安排一些练习环节，通过视频、图片等多种形式，渗透一些与青春期健康有关的知识。这种轻松、简单的教学方式，更利于低龄重度智障学生接受、理解和掌握。

三、研究对象与研究方法

（1）研究对象：通州培智学校三年级十六名学生（两个班）。

（2）研究方法：主要采用观察法、对比法、示范法和行动研究法等。

四、研究的过程

低龄重度智障学生首先是儿童，然后才是残疾儿童。他们的身体会像正常儿童一样遵循发育规律，但他们的心理发育又远远落后于正常儿童，智力障碍越严重这种差距就越大。一部分学生进入青春期以后，由于生理的急剧变化，往往会引起心理上的动荡不安。平素天真无邪、无忧无虑的心理被打破了，萌发了对异性的好奇，产生了朦胧的性欲。随之无名的烦躁、苦恼、忧伤、娇羞、多愁善感的情绪慢慢袭来。然而，这种性萌动往往与混沌迷茫、盲目无知、不能预知后果密切相连。一旦遇到外界刺激、性的诱惑引爆就一发不可收拾。

（一）存在的问题

通过近一个学期的观察、研究，我发现低龄重度智障学生存在着以下几方面的问题。

1. 缺乏性别感

低龄重度智障学生，由于年龄偏小、长期住校，接触人群相对单一，主要是班上的几名学生。男女同学长时间的生活、学习、相处在一起，学生之间没有距离感。性别意识薄弱，低龄重度智障生对性别意识没有很明确的理解，大部分没有"男生、女生"的概念，男女生一起去厕所的情况时有发生。

2. 缺乏羞耻感

一部分年龄偏大的女生，已经经历月经初潮。每次月经来时，会把卫生巾拿在手上大声地告诉别人。部分智力障碍比较严重的女生，会把沾有血迹的卫生巾在教室当着老师和同学的面就抽出来。有的男生上完厕所不提裤子就出来，在大庭广众之下，暴露自己的生殖器，从不感觉害羞。

3. 缺乏道德感

有的男女生会在公开场合毫不掩饰地当众拥抱、触摸。部分年龄稍大的男生，还会对年轻女老师产生好感。不经老师允许，随便摸老师的手、动老师的头发、往老师的身上凑等行为时有发生。

（二）教育方法

根据学生现阶段的问题，经过课堂教学过程中长时间的观察、实验、摸索，研究出一些行之有效的教育方法。

1. 充分发挥课堂渗透的作用

低龄重度智障学生，在学校接受教育主要依靠课堂教学。因此，对学生知识的传授、能力的训练、习惯的养成、行为的矫正、良好品质的形成，必须通过教学把他们引进课堂。青春期良好品质的形成，也需要老师通过点滴去渗透、指导。

针对学生性别意识淡薄的生理特点，我利用生活语文课"男生和女生"一课对学生进行教育。在课上，我通过学习"男""女"两个生字，对学生进行启发。"咱们班上有八名学生，有几个男生？几个女生？"学生通过问题进行思考，开始关注自己的性别。在老师的帮助下，八名学生都能正确地说出自己的性别。在巩固环节中，我设计"男生向左、女生向右"的游戏。学生首先要学会判断自己的性别后，才能参与到游戏中去。老师引导学生按照不同的性别，分别站在教室的两端。学生通过短时间的思考，很快就能完成这个任务。男生向女生打招呼，女生向男生挥挥手……学生们在愉快、轻松的氛围中完成了学习。不仅认读了"男""女"两个生字，而且还利用游戏明确了自己的性别。

2. 合理利用榜样带动的作用

低龄重度智障生，辨别是非的能力差。缺少主见，依赖性强。因而老师的言行，在无形中就成为他们模仿的榜样。

我利用班会教育时间，教育学生应该养成互相帮助、团结友爱的习惯。特别是我们班上的男生比较多，占大多数的男孩子应该担负班上更多的任务。教育男生不应该欺负、愚弄女生，而是像个男子汉似的帮助、爱护女生。在培养学生良好行为品德的同时，再次加深了学生的性别概念。

3. 巧妙通过游戏分散学生的注意力

对于自闭症学生不时地喜欢玩弄生殖器的行为，仅用说教是不够的。为了杜绝这种不良行为，我利用综合实践活动课时间，组织学生进行"观察小蚂蚁""请、对不起、没关系"这种形式有趣、内容有意义的集体游戏活动。通过有趣的活动，把学生的注意力很好地集中到游戏中来。这样时间一长，不仅锻炼了学生的生活适应能力，而且他们的不良行为问题也有了很好的改善。

五、结果与分析

经过一段时间的渗透、培养，学生们的情况得到了很好的改善。现在班上的学生们都能准确无误地说出自己的性别，能分清男女厕所，理解男女有别，很多只有女生才有的"问题"不可以当着男生面说；男生也通过分散注意力，很好地回避了自己的不良行为问题，懂得谦让、帮助女生的同时，学会对老师礼貌、尊重。

总之，低龄重度智障学生进入青春期以后出现的问题远远多于正常孩子，给学校的教育教学带来困难，对智障学生青春期的教育也是我们教师面临的重要课题。只有走进学生的心灵深处，不断探索他们内心发展的规律。遵循从实际出发，师生平等，适时、适度、适当等原则。相信我们能够帮他们建立健康的心理、生理、道德及健全的人格与观念，能帮助低龄重度智障学生走好人生的关键时期，为他们将来融入社会打下良好的基础。

参考文献

［1］青春期常识读本．上海：上海人民出版社，2010.

［2］银春铭．弱智儿童心理与教育．北京：华夏出版社，1994.

［3］吕荣侃．青春期教育概论．北京：北京师范大学出版社，1999.

性别角色悦纳

♀ ♂ ♀ ♂ ♀ ♂ ♀ ♂ ♀ ♂

开发和利用多种教育资源，
对小学生进行性别角色悦纳教育

北京市宣武区师范学校附属第一小学　齐金芬等

一、研究的背景

性别角色在人的整个生命历程中是不断发展的，之前关注最多的是儿童和青少年时期的性别角色的发展。对性别角色的发展研究集中在三个方面，即性别认同的发展、性别角色的刻板印象的发展、性别适宜行为的发展。

目前，儿童性别角色的研究热点集中在性别角色的塑造和性别角色对个体发展的影响两个方面。从近几年的研究可以发现，性别角色的研究从群体层面转向个体层面，更多地关注性别角色与个体发展的关系、性别角色的限制作用、性别角色与其他心理现象的相互作用。

哈里斯（Harris）认为家庭对儿童的性别角色影响并不大，角色发展中起重要作用的是同伴群体。这是按照群体社会化理论的观点得出的，是目前关于儿童性别角色发展研究较新的理论观点。

目前性别教育的方向主要包括：认识自己的生理和心理性别基础，更多地兼具两性性别特点；在社会生活中，适时、适当地表现自己的性别内容，达到和谐交往的目的。

综合来看，目前的研究多是性别角色认同与青春期性健康教育研究成果，而对小学阶段（即幼小衔接阶段）性别角色从认同到悦纳，以及小学中高年级阶段性别角色悦纳教育的研究较少。

二、研究的意义

性别角色悦纳，是指愿意接受和喜欢自己的性别角色，知道自己该干什么，而且有愉悦感和满足感。悦纳和学习很容易受环境影响，而教育发挥的作用很大，因此在小学阶段要进行性别角色悦纳教育。

学生在小学六年，将经历低年龄段性别恒常性的主要获得期（约为 6 ~ 7 岁）、有关性别角色知识的发展期（约为 8 ~ 9 岁）、青春初期恢复到早期所曾有的性别角色的刻板状态（约为 10 ~ 12 岁）三个主要阶段。男女儿童正是通过以上几个方面的发展逐步获得符合自己性别的角色特征，是进行性别角色悦纳教育的最佳时期。但是，由于各种因素的影响，在儿童性别角色认同期、悦纳期忽略或弱化了对儿童进行性别角色建设的教育，在有的儿童身上也出现了"性别角色对立""性别角色混乱"的现象，因此，小学教育对学生性别角色悦纳具有重要的意义。小学儿童性别角色的发展是儿童社会性发展的一个重要领域，其发展特点是由于性别不同，受社会性的影响不同，而导致不同的性别角色。

按照社会学习理论的观点，无论儿童性别角色中的性别刻板印象还是性别角色规范，都是儿童在生活环境中一方面由成人，特别是父母和老师塑造而成的，另一方面是通过儿童的观察学习或模仿而获得的。而群体社会化理论认为，家庭对儿童的性别角色影响并不大，角色发展中起重要作用的是同伴群体。

儿童性别角色的形成虽然有生物因素的作用，但起决定作用的还是社会文化。小学阶段正是儿童初入社会、接触社会的启蒙期，教师如能通过研究运用同伴交往、群体建设等教育方式，高效而又非常系统地把知识、社会规范、价值观、道德规范等传授给学生，对影响儿童性别角色社会化的方向和内容方面的作用将是不容置疑的。因此，学校是一个人性别社会化的重要场所，学校教育是科学引导青少年性别角色合理化发展的有效途径。学校在性别角色悦纳教育方面需要根据《北京市中小学性健康教育大纲（讨论稿）》，从教育目标的确定、教育内容的筛选、教育方式以及实施途径的实践落实入手，进行系统化的研究，保障性别角色悦纳教育的落实。

三、研究的理论依据

（1）根据对研究问题有关的文献资料综述，对小学阶段（即小幼衔接阶段）性别角色从认同到悦纳，以及小学中高年级阶段性别角色悦纳教育的研究可以丰富实践依据。

（2）印证儿童性别角色的形成虽然有生物因素的作用，但起决定作用的还是社会文化。小学阶段运用同伴交往、群体建设等教育方式，可以达到高效而又非常系统地将知识、社会规范、价值观、道德规范等传授给学生，对影响儿童性别角色社会化的方向和内容方面的作用将是不容置疑的。

（3）《北京市中小学性健康教育大纲（讨论稿）》从教育目标的确定、教育内容的筛选、教育方式以及实施途径的实践落实入手进行系统化的研究，可以保障性别角色悦纳教育的落实。

（4）如能进入综合实践活动课程和加强群体建设可以有效保证其实施效果。

四、研究的目标

（1）针对小学阶段六个年级学生的年龄特点、生理发展规律和认知水平，围绕儿童性别角色悦纳与学习方面的教育，研究出较为科学系统的教学目标与教学内容。

（2）尝试将青少年的性别角色悦纳教育纳入学校课程体系，保证一定的课时，给予学生学习的时间和空间，保障性健康教育在小学阶段系统地进行，避免随意性。

（3）研究形成全员渗透性别角色悦纳教育的校园文化活动系列。

五、研究的主要内容

本研究依据《北京市中小学性健康教育大纲（讨论稿）》，将以开发与实施"性别角色悦纳与学习"主题版块为主要方式，通过课程平台建设形成初步的各学段的教学目标、教学内容，并对教学方式、教学途径实施的可行性进行研究；通过配套拓展活动的建设形成初步的校园文化活动系列。使学生在老师的引导下、在自我教育、同伴教育、适宜的家庭教育等宽松自然的氛围中形成健康的性别角色的认知、认同和悦纳。通过研究帮助学生主动认识和学习性别角色内容，在心理上形成自我认同、自我悦纳的性别角色，为他们将来成长为健康、自信、快乐的男性和女性，促进社会的和谐奠定良好的基础。

六、研究的方法

本课题主要采用行动研究法，本着"学习—计划—实践—修改—再实践—提升"的行动过程实施研究，最终通过实践操作、反思、总结教育策略，积累相关的理论和适于对不同学段学生进行性别角色悦纳教育的资源和策略。

七、研究的主要过程

（一）准备阶段

（1）理论学习和资料检索。

（2）借助课程平台建设，形成初步的学段的教学目标、教学内容。

预期成果如表1和表2所示。

表1　　　　　　　　　　　　　　主要阶段性成果

序号	研究阶段（起止时间）	阶段成果名称	成果形式	承担人
1	2011 年 1～2 月	课题申报计划	研究方案	齐金芬 孙 薇 董兆英
2	2011 年 3～7 月	制定性别角色悦纳教育目标和教育内容（草稿）	文字	实验教师
3		依据性别角色悦纳教育目标和教育内容形成课堂教学课例并实施	教学设计、录像课	实验教师
4		制定对家庭教育配套指导的要点	文字	实验教师
5	2011 年 7 月～2012 年 2 月	根据第一轮实验进行反思、修改，完善学校性别角色悦纳教育目标、内容，落实教育方式与教育途径	课例论文	实验教师
6		与学段教育配套的学生探究实践活动系列	活动指南	实验教师
7	2012 年 3～6 月	第二轮实验，形成最终的教育资源	教学设计、课例、录像课	实验教师
8	2012 年 7～9 月	整理课题成果	研究报告、成果集、影像成果	孙 薇 齐金芬 董兆英

表 2 最终研究成果

序号	完成时间	最终成果名称	成果形式	承担人
1	2012 年 8 月	《性别角色悦纳》小学主题教育资源	实验课例与资源	董兆英及学科实验教师
2	2012 年 6 月	小学阶段实施性别角色悦纳教育的思考与实践	论文	孙 薇
3	2012 年 9 月	开发和利用多种教育资源，对小学生进行性别角色悦纳教育	研究报告	董兆英

（3）保证措施。

1）成立课题小组。

2）按照总课题组计划对参加实验的教师进行培训并进行校内研讨。

3）在研究过程中根据研究现状及时调整研究计划，保证试验顺利进行。

4）把学习、实践与我校心理健康教育、校园文化建设贯穿于实验的始终。

5）加强研究档案的建设。

6）保证课题实验及相关建设经费。

（二）实施研究阶段

（1）研究确定课题的基本要素及其相互关系。

1）小学六个学段围绕"性别角色悦纳"教育学生可学习的教学内容与对应的教学过程。

2）小学六个学段的学习主题与内容如何体现循序渐进的关系。

3）小学每个学段的学习内容与对应的教学过程如何体现出遵循三个维度进行教学的理念。

4）实施"性别角色悦纳"教育与学校课时保证的关系。

5）以此课题为切入点在学校文化活动中如何得到推介，从而带动学校其他教师参与性健康教育研究工作。

（2）保证措施。

1）理论学习。

2）撰写年级目标。

3）进行两轮教学实践，完善各年级教学内容。

4）开发配套拓展活动，形成初步的校园学生文化活动系列。

（3）中期研究总结。

（三）总结阶段

（1）收集实验教师研究资料。

（2）整理课题组研究成果。

（3）完成研究报告和结题报告。

八、研究的结果分析

（一）形成"小学生性别角色悦纳教育的实践研究"课题研究学段目标

在课题研究起始阶段，课题组初步构建了小学阶段"性别角色悦纳"主题版块内容，提出在研究实践中逐步完善确定，形成较为科学系统的教学目标与教学内容的研究方向。

我校在原定目标的基础上，实验教师根据第一轮课堂教学实践效果以及学生前、后测分析，补充了学段活动过程与方法，对有些目标做了新的调整，经再次修改形成了《小学生性别角色悦纳教育学段目标》，并进行了第二轮实验。

例如，一年级蔺滨滨老师在第一轮实验前确定的教学目标是"了解自己的生命是如何产生的"，但对一年级 210 名学生就"我从哪里来"这个话题进行前测后发现，随着时代的发展，孩子们学前的信息量在不断增加，对自己的生命是如何产生的已经有了一定的了解。有 90% 的同学认为宝宝是从妈妈的肚子里生出来的；25% 的同学听说过"精子""卵子"这样的词汇，并且知道孩子是由爸爸的精子和妈妈的卵子结合后发育而来的，但对"悦纳自己、珍爱生命"的认知还有待建立，"性别是从生命起始时就伴随着自己的"是学生们认知的盲点。而前两点恰恰是孩子们的情感基础，后一点可以帮助学生们更好地悦纳自己的性别。因此，课题组调整了本课的教学目标和授课重点。

《小学生性别角色悦纳教育学段目标》体现了随着学生年龄的变化性别角色悦纳的教育也在不断地深化与提高的特点。

1. 活动主题与目标的确定体现循序渐进的原则

一年级的活动主题是"我从哪里来"，学生通过了解人生命诞生的过程，知道从生命的开始，性别就伴随着我们，每位父母都是快乐地迎接我们的降临，我们也快乐地接受自己的性别。二年级的活动主题是"相亲相爱的一家人"，学生通过了解家庭角色的分工，感知性别角色在家庭中的差异，渗透性别角色的意识。三年级的活动主题是"设计我的形象"，学生通过了解社会性别角色普遍的分工形式，感受社会性别角色，在设计自我造型的过程中，强化自己的"性别"优势，悦纳自己的性别。四年级的活动主题是"可爱的我们"，学生通过发现自己身体第二性征的微妙变化，认识到自己的可爱之处，愿意接受自己身体的这些变化。五年级的活动主题是"小男子汉和好女孩"，学生进一步了解两性生理、心理的发育情况，提高对自我认识的程度，懂得欣赏悦纳自己。六年级的活动主题是"潇洒男生和漂亮女生"，学生通过了解青春期同性与异性身体的变化，认识到各自的优势，从而更好地悦纳自己并发挥自己性别的优势，就像活动主题一样做一个潇洒的男生、漂亮的女生。

从一年级到六年级活动目标的设定上可以体现教育要循序渐进的原则。随着学生年龄的增长，对学生进行性别悦纳的教育会不断地深入，使学生由最初的了解自己的性别、接受自己的性别到发挥自己性别的优势，更好地塑造自己的性别角色，悦纳自己的性别角色。

2. 目标内容与过程方法的选择体现三维目标整体推进的原则

三维课程目标是指知识与能力、过程与方法、情感态度与价值观。其中知识与能力和情感态度与价值观两个维度我们在活动目标与具体内容中体现。围绕知识与能力体现在内容上就是学习相关的生理知识。例如，让低年级学生了解人生命诞生的基本过程，知道新生命的孕育与诞生是一个神奇而伟大的过程；知道性别是从生命起始就伴随着自己；能知道男生和女生外貌与身体上的不同。我们引导中高年级学生发现自己身体第二性征的微妙变化，进而了解青春期两性生理发育的特点，帮助女孩子了解月经，正确掌握科学的经期保健方法；教给男孩认识遗精现象，帮助男孩正确面对遗精的出现等。同时学习一些异性交往的方法，帮助男生、女生更好地面对青春期的到来。围绕情感态度与价值观体现在内容上就是通过学生心理体验，激发学生对自己性别角色的悦纳。例如，学生在看到父母对自己无论是男孩还是女孩都很兴奋的状态，实际上就是对学生悦纳自己性别的暗示；此外，让学生了解人生命诞生的基本过程，渗透了感恩教育，学生在观看视频后，激发的是对父母给予我们生命的感激之情。又如，学生通过观察、汇总长辈在家中承担的家务，不仅感受父母在家庭中的角色分工，同时懂得父母在外工作还要承担很多的家务劳动，很辛苦。学生在感知自己性别优势的同时，愿意在家庭中主动承担一定的责任。不仅如此，也根据自己性别的优势，在班级中主动承担一定的班级责任，更好地为集体贡献力量。再如，通过自画像和为同伴画像的活动，提高自我性别认识的程度，懂得欣赏和塑造性别美。通过青春期两性生理心理的教育，结合一些像"快乐时装秀"等活动，帮助学生正确地面对青春期的到来，不仅快乐地接受而且勇敢地张扬各自性别的优势，产生积极向上的情感。

过程与方法这一维度与我们学段目标中的"过程与方法"吻合，让学生在参与体验式活动过程中达到对自己性别角色的悦纳，同时便于实验教师操作。例如，一年级教师利用视频和图片资料，帮助学生认识到生命的诞生是一个神奇而伟大的过程，从而接受自己的性别，感恩父母给予我们的生命，懂得保护生命是我最重要的事情。二年级通过观察、汇总长辈在家中承担的家务，了解大部分家长是根据性别角色的不同进行分工，从而感知到性别角色在家庭中的差异，初步渗透性别角色的意识。通过"过家家"游戏，体验自己扮演角色的性别特点。在观察和体验中感受家长的辛劳，激发学生发扬性别优势，愿意在家庭中承担一项力所能及的家务劳动，这个过程实际上是强化了学生发扬自身的性别优势。三年级是通过体验社会性别角色的实践活动，帮助学生形成一定的社会性别，同时还通过设计造型的活动从心理上强化自己的性别优势。四年级是通过看图、讲解、交流的方式引导学生先发现自己身体的微妙变化，愿意接受自己的变化；再借助讨论、案例分析、情景再现等多种活动方式，引导学生在悦纳自己的同时增强自己的自信。五年级借助班级开展的闪亮星活动，通过为同伴画像的方式，发现同伴身上的优点，不仅提高了对自我性别的认识程度，也进一步提高了学生对自我性别塑造的愿望。六年级开展的活动是"快乐时装秀"，学生通过开展为自己设计校服的活动，交流自己对男女生服饰美的理解，通过服装发布会来展示适合自己年龄和性别的服饰从而更好地塑造性别美。

各学段活动目标如表3所示。

"小学生性别角色悦纳教育的实践研究"课题研究学段目标基本形成宣武区师范学校附属第一小学对学生进行性别角色悦纳教育的课程实施方案。

表 3　　　　　　　　　　　　　　　课题研究学段目标

年级	活动主题	活动目标	过程与方法
一年级	我从哪里来	了解人生命诞生的基本过程，知道新生命的孕育与诞生是一个神奇而伟大的过程。感恩父母给我生命，懂得保护生命是我最重要的事情	1. 通过视频资料了解生命诞生的基本过程 2. 通过图片体会父母对自己性别的悦纳，帮助学生认识到男生和女生有各自的优势，从而悦纳自己的性别 3. 学会分辨"好的接触"和"不好的接触"，从而保护自己身体的隐私部位
		知道生理性别是从生命起始就伴随着自己。能悦纳自己的性别，学会扬长避短	
		了解人体的器官，能指出男生和女生外貌与身体上的不同	
		知道身体的隐私部位，能保护自己的身体，并尊重他人的身体	
二年级	相亲相爱的一家人	了解家庭角色的分工，感知性别角色在家庭中的差异，渗透性别角色的意识	1. 观察家庭角色分工；了解性别差异及渗透角色意识 2. 通过"过家家"游戏，体验自己扮演角色的性别特点，并在家庭中承担一些力所能及的家务劳动 3. 通过参与"我是集体小主人"的活动，结合性别角色的特点，确定自己在班级中的服务岗位
		初步感知本性别的优势，愿意在家庭中承担自身的角色责任	
		确定自己在班级中的性别角色分工，主动承担一定的班级责任	
三年级	设计我的形象	了解性别角色社会性的意识，学习社会性别规范	1. 通过参加综合实践活动，进行性别角色体验，形成社会性别 2. 通过设计造型的实践活动，从发型、服饰等方面了解男、女生外在形象上的不同，强化自己的"性别"优势，引导学生对自己的生理性别形象有适宜的定位
		发扬本性别的优势；使学生感受自己的性别所带来的优势，并尝试担当在生活、工作中的角色责任	
		初步掌握单独与异性交往时，性的自我保护意识	
四年级	可爱的我们	发现自己身体第二性征的微妙变化，欣然接受自己身体的这些变化	1. 通过讨论、案例分析、情景再现等活动方式，引导学生发现自己身体的微妙变化，尊重、保护自己和他人的身体隐私 2. 在活动中学习建立友好关系、表达友好情感、遇到问题沟通的方法
		悦纳自身心理特征并学习性别内容；认识男孩和女孩的可爱之处，在悦纳自己的同时，培养自信心	

续表

年级	活动主题	活动目标	过程与方法
五年级	小男子汉和好女孩	进一步了解青少年两性心理生理发育情况，悦纳自己的身心变化	1. 通过自画像和为同伴画像的形式，提高自我性别认识的程度，懂得欣赏和塑造性别美 2. 通过实践活动了解经期的知识，学习经期的保健方法
		提高自我认识程度，悦纳自己的性别，懂得欣赏和塑造性别美，培养乐观向上的健全的人格和良好的个性品质	
		女孩子以科学的态度面对月经来潮的现象，掌握科学的经期保健方法，能够快乐地接受和面对，保持良好的心态	
六年级	潇洒男生和漂亮女生	了解青春期生理发育特点，快乐接受自己身体发育的变化，了解异性身体的变化，认识到男生女生各自的优势，产生积极、健康的情感体验	1. 通过开展快乐时装秀的活动，学会选择适合自己年龄特征、性别特征的服饰 2. 通过实践活动了解遗精的知识，快乐地接受、掌握相关的卫生保健知识 3. 利用课堂游戏的方式，帮助学生认识异性之间的差异，了解异性间交往的益处，掌握异性交往的原则和尺度，促进男女生之间的适宜交往
		了解青春期心理发育特点，正确认识青春期的心理特征，能够接纳青春期渴望与异性同学交往的心理状态，学会异性交往的方法，能够互相理解，互相包容	
		帮助男孩正确面对遗精的出现，做好快乐地接受遗精现象的心理准备	

（二）依据学段目标形成了六个学段课堂教学设计

实验教师围绕学段目标，从选择适宜的教学方式、教学途径入手进行实践研究。在研究中，实验教师对张玫玫教授提倡的探讨式教学方式极为认同，"在性健康教育中，教师与学生往往是处于同一信息源的平面上，新的价值观不断涌现，教师在很多方面已不再是先知先觉了。教师的角色应该是指导者，更应是服务者和学习伙伴。教师应以主持人的身份出现，穿针引线，创设一个平等、和谐、宽松的互动式教学环境，以探讨的方式教学。而且，这种教学由于贴近学生实际，更容易使学生进入角色，产生身临其境的效果。同时，探讨的过程往往能够形成共识，结果也更富有理性，对学生的影响或说服力更大。"

我们要开发的性别角色悦纳课属于综合实践活动课程，因此聘请了均为全国教师教育学会综合实践活动学科委员会副理事长的首都师范大学杨培禾副教授和特级教师孔祥旭作为课程指导。

课题组在实施中结合前测分析，不断修改。从已经过两轮实验形成的六个学段教学设计与实录中，可以看到以下两个特点。

1. 突出实践性

在"过家家"游戏中、在社会职业体验中体会自己的性别角色，初步建立和悦纳自己的社会普遍认同的性别角色形象。实验教师李薇在"相亲相爱的一家人"这节课中，通过与课题组的老师、同学探讨与研究，制定了本节课的教学目标并设计了授课前家长前测与学生家庭实践作业（见表4）。在充分考虑学情的基础上，老师根据二年级学生以形象思维为主，好奇、好动、模仿力强的身心特点，选择了音乐律动导入，小组说一说、贴一贴、演一演的合作体验式的教学方法。

表4　　　　　　　　"相亲相爱的一家人"授课前家长与学生前测数据

问题	家庭成员			
	爸爸	妈妈	其他_____ （如爷爷、姥爷）	其他_____ （如奶奶、姥姥）
1. 家庭成员	97%	100%	32%	41%
2. 家电维修	78%	16%	11%	3%
3. 搬运重物	92%	24%	8%	2%
4. 驾车出行	84%	41%	2%	0
5. 打扫卫生	41%	95%	8%	30%
6. 缝补衣物	14%	81%	2%	32%
7. 清洗衣物	30%	100%	11%	27%
8. 买菜做饭	59%	86%	8%	27%
9. 教育子女	78%	100%	14%	19%

（1）音乐律动法：在导入环节，设计音乐律动，目的是借助相同主题的音乐激发学生的学习兴趣，同时揭示本课课题，使学生在轻松的氛围中，一开始就感受到家的温馨，愿意高兴地参与到这堂课中。

（2）合作体验法：采取学生在小组内亲自动手"贴一贴"图标，了解家庭成员分工情况的方式进行交流，不仅使每个学生将课前实践作业作了汇报，还教会了学生学习综合信息的方法；利用白板的拖拽功能，在全班将各组的家庭分工情况展示出来，使学生更直观地看到男性家长与女性家长在家庭中的分工情况，从而初步了解到性别角色的不同。

（3）创设情境法：通过"过家家"的活动，使每位学生参与到主题活动"家庭郊游"或"家庭大扫除"之中。孩子们在自己创设的虚拟家庭中排练与展示，会不断加深对于性别角色的认识，并开始塑造这种家庭角色形象。课堂上通过多种适合学生的活动形式，有效地引导学生关注家庭成员性别角色分工、感悟家长对家庭的辛苦付出，并从中已逐渐激发起孩子愿意承担自身的角色责任，帮助爸爸、妈妈分担一些家务劳动的愿望，使孩子们懂得了相亲相爱的一家人"有福就该同享，有难必然同当"。

2. 突出递进性

根据学生年龄特点，用适宜的方式帮助学生逐步建立悦纳和强化自己的性别角色。例如，一年级树立"爸爸妈妈从我出生无论男女都喜欢我"；三年级通过"我的自画像"再次强化自己的性别优势，我喜欢我自己的性别角色；五年级通过"我是男子汉，我是好女孩"初步了解两性生理发育进程和相关保健知识，悦纳自己身心变化。

两轮实验后，课题组的课题研究学段目标（第二稿）和配套学段课堂教学设计与实验教师的实施较好地完成了课题预定目标。

（三）结合校情，研发集体舞，形成了集体舞系列

学校是人的性别社会化的重要场所，是科学引导青少年性别角色合理化发展的有效路径。校园文化是一个不断转化、生成的过程，是一个从客观到主观再到客观的转化过程，也是人从外化到内化的发展过程。课题组考虑到影响小学生文化形成的相关因素，考虑到促进小学生文化形成需要什么样的传播方式，因此选择了集体舞的方式，它可以对学生形成适宜的性别角色悦纳产生积极的影响。

在普及集体舞过程中，课题组采取三种方式对学生性别角色悦纳产生影响。一是强调以学生为主体，聘请学生教练员，自己结伴、自己学舞或创编、自己寻找班级当小教练（见表5）；二是由实验教师在辅导学生过程中，影响学生的性别角色价值取向和行为习惯；三是实验教师结合课题研究方向创编新的集体舞，从而形成较为完善的学校集体舞文化。我校研发的集体舞系列，如表6所示。

表5   **集体舞活动小教练员的人数情况统计**

轮次	教练员总人数	女生数	男生数
第一轮	74	46	28
第二轮	164	111	53
第三轮	227	139	88

表6   **集体舞系列**

一年级	二年级	三年级	四年级	五年级	六年级
拉钩钩	找朋友	滴哩滴哩	小白船	阳光校园	Lonely Shepherd

这一套舞蹈，体现出性别教育在不同年级各有侧重。一、二年级学生拉起手，寻找自己的好朋友；三、四年级要展示自己的性别美了，男生动作阳刚一些，女生动作柔美一些；五、六年级则增加了一些男女生交往的礼节，如舞蹈一开始男生的邀请动作，最后表示感谢的动作等。

此外，实验教师在形体课上，有意识地让学生接触到不同民族的舞蹈，而每个民族的舞蹈中，男、女生动作会有所不同。首先，通过观察男、女生的外在形体，帮助孩子了解男孩与女孩身体的不同，如个头、肩宽等。然后，通过观看不同民族舞蹈的表演片段，感受男、女生在舞蹈动作上的不同，以此进行性别角色意识的强化。接着，老师会教给孩子一些男、女生最基本的、最有特点的动作，请学生尝试模仿，通过亲身体验来感受男、女生性别角色不同其动作也有所不同。学生在学习蒙古族舞蹈时，体会到男生动作幅度大，很威武（如摔跤的动作）；女生动作幅度小，很委婉（如提压腕和硬肩动作）。最后再请男生、女生穿好舞蹈服装到台上表演展示，这样学生明确了人的性别不会随服饰、形象或活动的改变而改变，自然而然就强化了性别角色意识。

在将近一年的集体舞活动中，我们发现学生悄然发生着变化。

1. 大大方方拉起手来，同学交往渐渐和谐

杜威在《美育论》中曾说道："每一次集体舞，都使参加者在一个共同分享的情感经验领域中达到交流与理解。每一个个体的情感都向四面八方荡漾开去，人们获得了真挚深切而又无言的集体心灵对话。"校园集体舞让学生懂得彼此尊重和欣赏，具有明显的社交功能，在促进学生和谐共处方面具有积极的作用。

下面是学生日记摘录：

★当我们开始学跳集体舞的时候，同学们都不愿意跳，有人认为男女生应

该有界限，有人认为不如做操简单。就这样抱怨着。

后来，随着练习，大家跳得越来越好，同学们开始接受男女生拉着手跳舞了。我认为：跳集体舞可以培养集体意识，培养和提高身体协调性，塑造自己的美。在跳舞过程中，增长交往的能力，使成长中的我们对于男生女生接触有健康的认识。

★跳舞？还要拉着女生的手？太娘了，我不干！——刚开始跳集体舞，我很反感，多娘呀！后来老师让我们看视频，看小教练跳舞，我才发现，男孩子也可以跳舞，大方一些，绅士一些，就不娘了。女生要跳得柔美，男孩子要跳得阳刚，看看，是呀！我可以跳得不娘呀！

2. 高高兴兴翩翩起舞，塑造自己性别形象

数千名男女同学手牵手跳集体舞，男生弯腰邀请女生，女生伸手礼貌回应，男、女生都会尽量表现得彬彬有礼，举手躬腰间尽显绅士、淑女风度，轻歌曼舞中培养了学生开朗、乐观的健康个性，潜移默化中陶冶了人的情操，滋润了人的心灵，培养了学生的礼仪意识，有利于塑造自身的形象美、气质美、神韵美。

六年级小维同学曾经特别不喜欢自己是女孩，拒绝穿裙子，服装都是中性的，并经常说长大一定要做变性手术，要当男的，接手家族企业。在同学们商量集体舞比赛服装，决定女生穿裙子时，实验教师刘家伟注意到小维虽不是很高兴，但也没特别反对。课下与其进行沟通，又悄悄地和家长联系，得到支持。家长带她买回裙子后给老师打电话，说孩子躲在自己的房间里试裙子呢。周一比赛前，她换上了裙子，老师和同学都夸赞她非常漂亮，她很高兴。爸爸出差回来后，听说她穿裙子了，也很高兴，夸女儿穿裙子很漂亮，说爸爸很喜欢。后来，天气冷了，没有机会穿裙子了，但是小维开始穿绣花儿的毛衣了——这可是从四年级开始就没有过的现象。小维又开始接受自己的女孩儿性别了。有一次上操时跳集体舞，原本因腰伤免体站在队伍后面的小维自觉地站到队伍中，拉起了同学的手跳起舞来。由说服教育才跳舞变为自觉地跳舞，这变化令我们感到惊喜。教育是需要契机的，而跳集体舞活动给了老师一个契机，潜移默化中帮助小维接受自己的性别并塑造性别形象，在无痕中达到教育的效果。

在舞蹈中，孩子们通过语言、眼神的交流及肢体的接触，进一步强化了性别角色意识。学校开展此项活动后，我们看到学生的自信心在增长，学生的成就感在增强，他们对参与这项活动有兴奋感。可以说，使学生健康个性得到张

扬、发展，身心获得和谐与愉悦，性别角色渗透进孩子心中。

（四）形成性别角色悦纳系列童谣

《北京童谣》是由我校作为承担人的国家级非物质文化遗产，学校获得过市级德育、教学成果奖，因此在课题研究中课题组也利用了童谣这个载体，对学生进行生动有趣的性别角色悦纳教育。实验教师依据各课堂教学内容创编小童谣，帮助学生记住相关的生理知识，激发学生性别角色悦纳的情感。

九、结论

（1）在前期对本课题开题论证的过程中，我们通过对国内外研究现状的分析，发现目前的研究多是性别角色认同与青春期性健康教育研究成果，而对小学阶段，即幼小衔接阶段从认同到悦纳，以及小学中高学段性别角色悦纳教育的研究较少。我校课题组经过近两年的研究和实践，其研究成果"小学生性别角色悦纳教育的实践研究"课题研究学段目标（第二稿）和配合教学资源以及研发的校园集体舞系列在一定程度上补充了这方面的可供操作的实践资源。

（2）我们认为，对小学生进行性别角色悦纳的教育是可行的，从学生的学习效果和成长经历可以看出：通过综合实践活动课程和开展校园文化活动对小学生进行性别角色悦纳的教育不仅达到了既定的教育目标，避免了随意性，而且也在一定程度上促进了学校文化和班集体的建设，带动了我校教师教育理念的提升和教学水平的增进。

（3）对儿童性别角色的形成起决定作用的是社会文化。通过教学和开展校园文化活动，印证了小学阶段运用同伴交往、群体建设等教育方式，可以达到高效而又非常系统地把知识、社会规范、价值观、道德规范等传授给学生，对影响儿童性别角色社会化的方向和内容方面的作用是不容置疑的。

（4）我校对小学生进行性别角色悦纳教育与实践根据《北京市中小学性健康教育大纲（讨论稿）》，从教育目标的确定、教育内容的筛选、教育方式以及实施途径的实践落实有系统化的研究，保障了性别角色悦纳教育的落实。由此可以看出，《北京市中小学性健康教育大纲（讨论稿）》为我们的研究指引了方向，起到了"指南针"的作用。

十、研究的局限性及有待进一步研究的问题

根据"小学生性别角色悦纳教育的实践研究"课题研究学段目标（第二稿）和前两轮实验结果，如需改进，将再次修改学段目标、教学设计，进一步完善与学段教育内容配套的学生探究实践活动。本研究的最终目的是形成可进入学校综合实践活动的课程资源，因为处于实验阶段，尚未正式进入学校课程，待改进完善后将有可能进入第三轮实验阶段。

参考文献

［1］吴来苏. 性伦理学（性道德教育与人格教育）. 北京：中华工商联合出版社，2008.

［2］渠淑坤. 青春期性心理健康与咨询. 北京：中华工商联合出版社，2008.

［3］谈福民. 性别认同障碍最好在儿童期给予纠正. 卫生与生活报，2007.

［4］闵乐夫. 青春期性健康教育·教师指导用书（学校青春期性教育的实施途径）. 重庆：西南师范大学出版社，2010.

［5］杨培禾. 青春期性健康教育·教师指导用书（青春期性教育的实施途径）. 重庆：西南师范大学出版社，2010.

［6］高中建. 性别角色教育的校本课程开发初探. 课程·教材·教法，2010（4）.

［7］缪周芬. 小学儿童性别认同与异性交往发展［硕士学位论文］. 华东师范大学，2007.

［8］宋金常. 性别认同量表对中国儿童的适应性研究. 考试周刊，2007.

［9］缪周芬. 小学儿童性别认同的调查研究. 常州工学院学报，2007（4）.

［10］姜琨. 儿童性别角色研究综述. 圣才学习网（http：//www.100xuexi.com. html）.

鸣　谢

特别感谢性健康教育课题组张玫玫教授、小学组马玉华老师、吕卫红老师等老师对我校课题研究的指导与关心。

衷心感谢杨培禾教授、孔祥旭老师等专家对教师们的指导与帮助。

根据大纲目标强化
小学男、女生性别角色认同的研究

北京市西城区黄城根小学　姚静薇

一、研究的背景

长期以来，国内在性别教育中更多地关注了"性生理教育"，而忽视了"性别角色认同教育"。有的人甚至认为性别角色认同是生理发展时就自然形成的对性别的看法。但事实上，不是生出来是男孩，以后就一定会从生理、心理上成为一个男孩。幼儿期的孩子并不会对自身的性别表现出很大的关注，而他们对于性别角色的认识，很大程度上来源于教育以及环境的影响。

另外，由于对"性别角色认同教育"的忽视，我们在"性别角色认同教育"中存在着很多既定思维的误区。在我国独生子女政策的大背景下，当前的家庭性别教育中，一方面很多家长采取"女孩男养"的方式，这表面上似乎是提倡男女平等的做法，但实际上，不从女性本身的特质优点出发，单纯地想把女孩培养得有男子气，这仍是"男强女弱"的看法在作祟；另一方面很多家长对于男孩过于溺爱，呵护到无微不至，也导致了男性文弱化，变得"娘娘腔"。

同时，在我国特有的独生子女的社会氛围之中，家长有意或无意地将自己希望"儿女双全"的求全心理寄托于同一个孩子身上，造成了孩子性别角色的混淆……这些因素相结合，造成了现在"阴盛阳衰"的局面。如果这种"阴盛阳衰"的现象长期存在，从长远看会导致社会性别结构的不平衡，不利于整个民族素质的提升；从个体角度看也不利于其人格的发展与完善。

二、研究的意义

在一般人眼中，男女之别是生而俱有的，但性与性别是两个不同的概念。

英国社会学家 S. 德拉梅特指出，性是指男性与女性的生物特征，是天生的；性别是指男性与女性之间的一切非生物方面的差异，诸如在衣着、兴趣、态度、行为、才能等方面的差异。正是这些差异把"男人"和"女人"的生活方式区别开来。性别角色是后天形成的，是学习得来的。性别角色发展是一个过程，通过这一过程，人们将文化所要求的性别角色属性纳入自身。但这一过程不是人自发完成的，它受环境的影响。当环境影响出现偏差时，就可能产生性别角色障碍，出现"女性化"的男孩儿、"男性化"的女孩儿、同性恋者、性变态者和异性装扮癖患者等。虽然当今社会追求男女平等，但这种平等是在尊重自然性别特征前提下的平等发展，是塑造人格的平等，不是性别无差异的平等。无论男孩还是女孩，都应在发挥自己"性别"优势的基础上，注意向异性学习，克服自己性格上的弱项，促进身心的全面发展和人格完善。

性别角色认同对处于青春期的少男少女来说，是一个很重要的问题，对其成长关系密切，是青少年社会化的一个重要指标，是健全人格培养的重要环节。如果一个青少年对自己的性别不认同，一方面可能会使自己的自信心、自尊感降低，自卑、沮丧、缺乏进取心；另一方面可能会影响自己社会角色的承担，形成社会适应不良。从学生的需要出发，提供学生需要的教育是我们的责任，所以我们选择了"根据大纲目标强化小学男、女生性别角色认同的研究"作为学校的研究主题。

《北京市中小学性健康教育大纲（讨论稿）》中明确说明："中小学性健康教育是人生性教育的组成部分，是引导青少年成为健康、自信、快乐的少年和少女，为成功进入成年社会打下基础的过程。"小学阶段是儿童心理发展历程的一个重要时期，学生年龄最小的六岁，最大的十二岁，他们已经具有一定的性别角色意识，且正处于儿童性心理发展分期中的"同性依恋期"，这一阶段的孩子有同性结交的倾向。这种选择同性同伴现象，具有深远的意义：一方面，同性别的儿童具有共同的活动方式，便于相互合作与交流；另一方面，同性同伴交往有利于巩固儿童的性别认同，为儿童最终能适应社会生活打下基础。在这一阶段中，教师、家长在性别角色教育中起着重要作用。我们将通过课题的形式对小学男、女生的性别角色认同进行研究。

三、研究的理论依据

性别角色认同指获得真正的性别角色，即根据社会文化对男性、女性的期望而形成相应的动机、态度、价值观和行为，并发展为性格方面的男女特征，即所谓的男子气和女子气。

（一）性别角色认同研究理论

1. 心理分析理论

心理分析理论为男女两性的性别认同设立了不同的发展模式，其中男性生殖器的优越和重要性是一个关键性的假设。男性因恐惧被阉割而放弃恋母之情与父亲认同，并将社会的准则融为自己个性的一部分。而女性则因为没有阴茎而自卑，把希望寄托于父亲身上。当其愿望最终不能实现时又转而认同母亲。

2. 社会学习理论

社会学习理论通过"认同"的概念解释了性别角色定型的现象。他们认为，认同是一种特殊的模仿，指儿童不需要专门的培训和直接的奖励，就把与自己关系密切的人视为被模仿者，同时复制他或她的完整的行为模式。

3. 认知发展理论

认知发展理论主要强调的是儿童的性别概念而非行为。科尔伯格认为，性别认同是孩子性别学习的基本的组织者和管理者。孩子从他们的所见所闻中形成了性别刻板概念。当他们获得了性别一致性时，他们的性别的信念就固定了下来并且不可逆转。他们积极地评价自己的性别认同并且表现出与性别概念相一致的行为。

4. 性别基模理论

性别基模理论是对性别发展和差异的解释理论。其假设是儿童和成人都有关于性别的基模，这些基模直接影响行为和思维。贝姆指出，性别基模是信息的重要组织者。性别基模使个体搜索与基模一致的信息，而与基模不一致的信息则被忽视或转化。性别基模形成后，儿童就被期望按照与传统性别角色相一致的行为行事。

5. 社会结构假说

性别角色社会化的过程受到家庭结构和家长性别的影响。在男孩儿和女孩儿的性别角色发展过程中，父亲比母亲所起的作用更重要。男孩儿和女孩儿在婴儿时都体验到来自母亲的母性角色，形成了对母性角色的最初认同；而父亲角色包括了给予儿童有关外面世界的规范和期待。

上述理论虽然存在很大差异，但其共同点在于都认为儿童可以通过由社会提供观察学习的榜样（如父母、其他成人与儿童等）和直接指导（如强化与惩罚）这两种途径来完成性别角色认同的过程。

（二）性别角色认同的研究工具及研究对象

1. 性别角色认同研究工具的确定

从 20 世纪 40 年代到 1974 年以前，临床心理学家都是按照双重标准分别测定男性与女性的性别角色特征的。后来许多心理学家认为，一个人可能同时具有男性和女性气质，对男女性别气质的测量应分别采取独立的双向记分而不是综合性的单向记分。贝姆性别角色量表（BSRI）和人格归因量表（PAQ）便是根据这一新的指导思想编制的测验。在我国，钱铭怡等人编制的大学生性别角色量表也是建立在这一思想基础上的。

2. 性别角色认同研究对象的确定

在性别角色认同的实证研究中，研究者往往选择在校大学生作为被试。而实际上，性别角色认同的发展在不同年龄段具有其不同的特征。研究对象应该包括婴幼儿期、童年期、少年期、青年初期以及成年期。

（三）影响性别角色认同形成的因素

1. 生物因素

性别染色体决定了个体发育的性生物机理，而性激素的差异则影响性别之间或同一性别内部的社会行为差异。一般认为，胎儿期和青春期是有机体对性激素作出反应的关键期。在胎儿期，激素构建了男性化和女性化的心理和生物倾向；到了青春期，激素分泌的增多激活了这种预先决定的倾向。

2. 社会因素

当代性别研究特别强调社会文化因素的影响。一般认为影响性别角色认同的社会因素主要包括：①家庭的影响；②大众媒介的影响；③教育的影响；④同龄人团体的影响。

四、研究的目标

本课题的目标是要针对男孩、女孩不同的性别特点，培养健康、自信、快乐的男生、女生。

五、研究的主要内容

本课题研究以性别角色认同为切入点，根据学生的成长需要，研究小学男、女生性别认同的内容、途径及培养方法。主要通过自我认知、角色认同、人际交往辅导、情绪调节、青春期教育等方面开展团体辅导式的心理教育活动，让学生在原有性别角色认知的基础上，在学校这个"准"社会的氛围中，学会根据学习与社会工作（生存环境）的需要，及时调节、优化自己的性别特征，培养学生追求与自己性别身份相符合的言谈举止，追求性别角色的自我完善。

我们根据《北京市中小学性健康教育大纲（讨论稿）》设定的学段目标，从学生的年龄特点出发，同一个辅导要点针对不同年龄特点设计不同的活动方案，体现各学段的衔接，研究出三个学段，并设计了每个学段的系列活动课程。

六、研究的方法

我们综合运用多种方法，边观察、边总结、边研究、边修正，在复杂的教育教学情境中开展了有效的研究。

（1）文献法：查阅文献，阅读关于国内外性别角色认同教育的著作及相关研究成果，了解性别角色认同教育的基本理论与实践；进一步学习有关的理论，提高理性认识。

（2）调查法、观察法：面向全体，在学生、教师、家长中分别进行问卷调查，用以了解学生的性别角色认同现状与需求，以及相关的影响因素，以便有针对性地采取相应的辅导策略与手段。

（3）访谈法：面向个别，进一步把握学生的现状与需求，同时可了解、检测各种辅导策略的实施状况，便于作出有效调整。

（4）团体辅导法：针对班级学生的需要，找出有共性的问题，生生、师生间共同研讨，促进成长。

七、研究的主要过程

（一）了解需求，寻找切入点

首先，我们根据课题进行了研讨，通过对家长、学生的调查问卷分析，以及课题核心组成员的学习，我们认识到：性别角色是后天形成的，是学习得来的。由于对"性别角色认同教育"的忽视，我们在"性别角色认同教育"中存在着很多既定的思维误区。"女孩男养""男孩女养",造成了孩子性别角色的混淆,甚至是性别错位。从学生问卷中可以看到:由于对性别特点的认识固化,学生中存在不接纳异性性格特点或不接纳自己性别特点的现象。

(二)提升认识,指导研究方向

根据调研结果,核心小组制订了切实可行的研究计划。课题成员非常重视学习,为提升性教育理念,除积极参与课题组组织的学习培训外,大家查阅文献,阅读关于国内外性别角色认同教育的著作及相关研究成果,了解性别角色认同教育的基本理论与实践;进一步学习与我们研究有关的理论,提高理性认识。

性别角色教育是有延续性的,我们不能孤立地看待问题,要知道在小学阶段我们需要做哪些工作,就应该知道之前孩子性别角色的发展到什么程度了。例如:我们学习了由陕西师范大学李少梅副教授主持的全国教育科学"十五"规划教育部青年专项课题"角色游戏与儿童性别社会化的实证研究"(课题批准号:EHB010869)的成果公报。此公报通过了全国教育科学规划领导小组办公室的结题鉴定。

通过学习我们知道:人的性别角色形成,是以人的自然性别或生理性别为前提的,是在后天的生活环境中逐渐形成的,人在社会中性别角色的形成,也是个体的社会化的组成部分,因此,也称为"性别角色的社会化"。

群体社会化理论认为,同伴群体对幼儿性别社会化发展有较大影响。儿童大约在2~3岁时能够确认自己的性别和与他熟悉的人的性别,不管是小班的幼儿还是中大班的幼儿,在其结成的同伴关系中经常是以同性为主的,幼儿到了7岁以后,这种趋势就更加明显。幼儿性别角色社会化过程中,并没有多少教科书明确地教他们该如何做或不该如何做。但他们在幼儿期中已经从父母和同伴群体那里学习了部分性别的区分,他们已经能够根据衣着、举止等来区分性别。

一项研究证明,女孩单独玩球时很有竞争性,当男孩加入后,就显得害羞和缺乏竞争性。而且当男孩和女孩之间发生争执时,通常是以女孩的忍让和服从而告终。这说明当另一性别不在场时,性别分化的行为减少。另有研究发现,在幼儿时期,同伴们就很清楚对性别适宜和不适宜的行为和语言该如何反应,更强调惩罚性别不一致行为,同时接受性别一致行为。幼儿之间的这种同伴关系就是幼儿受社会文化、成人教育影响的结果。因此,教育者要帮助幼儿建立不同性别的同伴群体，鼓励不同性别幼儿之间的合作，促进幼儿性别社会化的发展。

从心理健康的角度看，社会应该鼓励个体（无论是男性或是女性）学习良好的共性特质，典型的男性或女性气质都不应作为学习的楷模。贝姆的双性化人格理论认为，双性化人格将成为未来心理健康的标准。双性化人格是一种综合的人格类型，即在一个人身上同时具备男性与女性的兴趣、能力和爱好，尤其是心理气质方面具备男性与女性的长处和优点。"双性化"并非削长补短的均等处理，而是与个人个性品质相呼应的优势选择，以形成所谓的第三性征，即心理性征。

这些认识为我们思考和实践课题工作打开了思路，从中找到了我们工作的方向。这就是：应该按照不同性别和不同性别的特征进行有针对性的教育，培养女孩自主性、独立性和创造性，培养男孩的耐心、细致和敏锐，使儿童向两性品质最完美结合的方向发展，使儿童的智力得到最好的发展，形成理想的性别角色，促进两性共同平等的发展。

（三）思维碰撞，落实课题工作

课题组与学校心理教育工作相结合，建立了每月例会制度。在交流中大家为课题研究贡献智慧，相互激发，落实制定的课题研究内容。从自我认知、角色认同、人际交往辅导、情绪调节、青春期教育等方面开展团体辅导式的心理教育活动，从学生及家长两个层面推进课题研究，具体内容如下表所示。

课题研究安排

年度	时间	年级	研究课题及讲座内容	主讲人
2011	4 月 21 日	二年级	男孩女孩不一样	刘 伟
	4 月 28 日	五、六年级	青春男子汉	专 家
	5 月 13 日	四年级	男孩女孩	姚静薇
	5 月 24 日	五年级	做最好的自己	杨培荣
	5 月 25 日	四至六年级	关注心理健康，家长与孩子共同成长	专 家
	5 月 31 日	三年级	我们是情绪的主人	杨培荣
	6 月 21 日	一年级	做情绪的主人	孙 宁
	9 月 19 日	三年级	朋友多，快乐多	杨培荣
	9 月 20 日	一年级	有趣的感觉	刘 伟
	9 月 20 日	二年级	学会保护自己的身体	孙 宁

续表

年度	时间	年级	研究课题及讲座内容	主讲人
2012	3 月	一年级	我从哪里来	刘 伟
	4 月 19 日	二年级	和好朋友在一起很快乐	刘 伟
	4 月	四年级	当意见不一致时	杨培荣
	6 月 7 日	五年级	做自己的护花使者	杨培荣

八、研究的结果分析

（一）研究创新点

1. 利用萨提亚技术，渗透父母榜样对孩子角色认同的积极影响

性别角色认同研究理论共同点在于都认为儿童可以通过由社会提供观察学习的榜样（如父母、其他成人与儿童等）和直接指导（如强化与惩罚）这两种途径来完成性别角色认同的过程。以此为理论依据，我们利用萨提亚技术，渗透父母榜样对孩子角色认同的积极影响。

孩子对性别特征的区分往往先从外部特征开始，而非第一性征。因此，他们很容易受到情感因素的影响，追求、模仿他们所喜欢的人（重要影响人）的性别特征来进行自我表现，而这种追求对于他们对自身性别的认同，特别是进入青春期后第二性征变化的接纳程度起到极其重要的作用。

萨提亚家庭治疗创始人萨提亚女士讲过"人是家庭的产物"。每个人受到原生家庭的影响是深远的。我们的性别认同，以及我们会成为什么样的男孩或女孩，往往最初是受到父母的影响。课题组教师尝试运用萨提亚家庭治疗理论中"原生家庭图"的技术对学生进行辅导，并结合学生的实际特点和辅导需要对这一技术进行改良，选取了家庭图中最核心的三角——父母和孩子这部分。其次，在写对父母和自己的形容时，要求孩子们先写下父母的优点，再写下自己的优点。引导学生在回忆思考的过程中关注父母带给他的积极影响，从学生的交流中看出其中不仅有同性家长的影响，也有异性家长的影响，达到了完美结合的目的。

2. 关注男女各自优势，适时进行全面引导

社会性别是性教育中的重要话题，不是所有的女孩都要温柔贤惠，不是所有的男孩都要孔武有力，世界需要丰富多彩的美丽，因此让孩子表现出原有的

样子很重要。

课题组教师在辅导过程中呈现性别与职业匹配、性别与职业不太匹配的图片，给孩子以全面引导。这一组图片带给学生很大的思想冲击。他们在分享感受时说道："喜欢做什么和你的性别没关系，只要你有兴趣，坚持就能做好。"通过分享学生进一步明确了：男女生在生涯规划、发展方面没有明显的界线，应该根据自己的兴趣、先天优势，以及社会的需求选择自己的发展方向。

（二）研究的启示

从理论研究中我们得知：儿童可以通过由社会提供观察学习的榜样（如父母、其他成人与儿童等）和直接指导（如强化与惩罚）这两种途径来完成性别角色认同的过程。但是这两种途径存在局限性：儿童周围的人（包括父母、其他成人与儿童等）是否称得上是他们学习的榜样？何为榜样？这为我们的课题研究提供了可能。

通过课题的实践研究，我们进一步认识到在信息飞速发展的社会，我们可以通过干预的方式来影响家长、引导儿童：

（1）要充分发挥家长在学生性别角色认同教育中的积极作用，形成教育合力。例如，通过家长会、家长沙龙、家长讲座、学校网站宣传性别教育理念，拓展家庭教育思路，引导家长与孩子共同成长。

（2）要为学生提供自主选择的空间，学会针对自身进行选择。促进学生提升自我分析、自我设计、自我管理、自我发展的能力，才能培养出健康、快乐、自信的男孩女孩。

九、结论

学校的性别角色认同教育应是家庭教育的补充，体现"全面了解、科学认知、学会选择、做好自己"的观念。"全面了解"就是面对多元化的社会，家长、教师要有多元化的视角；"科学认知"指教师要引导学生知道社会的主流文化，对于社会现象有正确的认知；"学会选择"指教师要创设自主空间，引导学生针对自身进行选择；最终目的是让学生"做好自己"、完善自己。

十、研究的局限性及有待进一步研究的问题

根据对课题研究的总结分析，我们对性别角色认同有了更深入的认识与理

解。教育是个系统工程，就目前的研究来看还存在诸多局限，例如，家长作为孩子性别角色认同教育的主力，没有主动参与；教师层面尚未形成全员参与的局面，也应加强宣传，系统推进将有助于性别角色认同教育。

有待进一步研究的问题如下：

（1）教育工作者要学习发展心理学，进一步充实关于性别角色的相关理论知识，开阔思路，提升认识。

（2）在心理活动课外，尝试开展学科渗透。

（3）把家长讲座常规化、系列化，引领家长关注性别认同教育，共同培育健康、快乐、自信的男孩女孩。

参考文献

［1］刘维良．学校心理健康教育实施与管理．重庆：重庆大学出版社，2006.
［2］张明．小学生心理健康教育．北京：中国轻工业出版社，2006.
［3］赖长林．不可忽视的性别角色教育．中小学心理健康教育，2005（9）.

鸣谢

感谢课题组刘伟、孙宁、杨培荣三位核心成员的通力配合；感谢温方、邓军老师为学生和家长举办讲座；感谢课题组负责人马玉华、吕卫红老师精心安排，为我们提供培训、学习交流的机会。

"性别角色认同"
让习惯养成教育另辟蹊径

北京第二实验小学　韩伟

一、研究的背景

性别角色认同作为一个孩子健康成长中的必修课，在当今时代显得尤为重要。性别角色认同的含义是指，对自己是男是女的生理、心理和社会身份的认同和确定。

在我们的生活中，因为种种原因，出现了"伪娘"等现象，同时在学校中也出现了有些男孩爱哭、胆小、自信心不强，而有些女生则喜欢打闹、大声嬉戏，甚至被人称为"假小子"。在这个多元认知的社会，我不想评价他的对与错、是与非。我们提倡"男孩要有男孩样（勇敢、果断等）"、"女孩要有女孩样（温柔、细心等）"，培养孩子与其性别角色相符的个性，这会对他的生活和学习产生极大帮助。如今，大多数的城市孩子没有兄弟姐妹，又住在封闭单元的生活环境中，身边的老师相对性别单一，这都将影响孩子的身心健康发展，这就需要从性别教育的角度，为孩子形成正确的认知打下基础。

二、研究的理论依据

性别认同是对孩子进行性教育的基础，它决定了人的性角色和未来的社会角色，是孩子对自身了解的启蒙，也是孩子形成健康人格的基础。这不仅关系到孩子日后正常的社会交往、家庭生活等方面，还会影响其心理发展。

性别角色认同既包括对自身的认识，也包括对他人及环境的认识。通过性别角色教育，孩子会知道自己要成为一个怎样的人，承担什么样的责任，如何建立自我的观念，如何尊重异性以及如何与别人交往合作。

同时，一个孩子的成长需要良好的行为习惯，更何况身为"小学生"，他们的习惯就如"良药"，可以帮助他们形成正确的价值观与人生观。以性别认同为依托，在角色肯定的同时，进行养成教育，既可明确性格特点，又可进行养成教育。两者间可谓相互依存、互相作用。

教师领导力的理论提出，让我们更加静心思考我们的事业内涵。教师要以自己独特的方式充分发挥工作中的领导智慧，形成自己独特的教育教学方式，并在管理中投入自己的情感与管理智慧，与学生在学习生活中共享，达到心灵共通的默契，通过教师"各显神通"，形成对学生积极的影响。教师用心灵解读孩子的密码，把教育视为有生命的"交流"，从而确立师生在教与学中的真正主体地位。

三、具体措施

（一）认同性别角色、明确习惯养成目标

对于成长的孩子而言，世界每天都是充满新鲜感的，孩子随时都在通过观察周围的事物来建立自我的认知结构，而对于性别的认同，不仅是通过父母，其每天所处环境的人、事、物也都成为了孩子形成并塑造对自己看法的渠道。让孩子认同自己的性别角色需要从他们自身开始。这个认识的过程需要从外形与性格等方面进行。

1. 从外在表现认同自我性别

性别外在的表现最容易让孩子产生对性别的认识，男生、女生无论从发型、衣着、喜欢的玩具还是身体的器官都会有不同的表现形式。让孩子们谈谈自己喜欢的服装、发型等可以帮助孩子归纳出从表象方面表现出的性别不同。

2. 从内在表现认同自我性别

内在的不同常常容易被孩子们所忽视，这就需要帮助孩子们认真地分析。我们会列举在发生了一些事情时，你会做何种发应。例如，自己在游戏时不小心摔了一跤，你会有什么表现？当你不经意间看到了一只小虫子，第一时间你会怎样做？类似于这样的多个问题逐步使孩子认识到男孩与女孩的内在性格的不同，即男孩大气、勇敢、好奇心强、乐于竞争，女孩多情、温和、感情丰富、需要安全感。

在明确并认识到男孩与女孩的不同表现后，为孩子更好地养成正确的行为习惯提供了行为及思想的依据。此时，学校提出的"小绅士""小淑女"的概念变得更为鲜活与具体，这正是学生良好行为习惯表现的代名词，也是我们培养新时代学生的共同愿景。

（二）强化性别特点、践行习惯养成目标

孩子在认同了自身的性别后，就要在不断地强化中最终实现养成良好教育的目的。这个过程将是不断效仿、不断自我完善、不断升华的过程。这将遵循学生的发展特点、年龄特点，以性别认同理念为指导的自我实践过程。

1. 寻找榜首、效仿榜样

在人生的不同阶段，孩子还会在身边寻找同性作为榜样来效仿，家长可以帮助孩子选择不同年龄段的同性榜样，鼓励孩子比较自己和"榜样"的差距，确定努力方向，以使孩子建立起正确的价值观和人生观，这对他彰显个性的性别角色特点也有很大的作用。

我们根据学生这一特点，寻找生活中的"小绅士""小淑女"的形象代言人，他们都是在不同方面表现优秀的孩子，我们称之为"榜首"，这些"榜首"包括站姿榜首、学习榜首、劳动榜首、进步榜首等。"榜首"的评选活动大大调动了学生的积极性，强化了不同性别的特点，有些榜首的评选标准会具有性别特征，例如锻炼榜首，男生与女生就会有不同的标准。这既关注了性别的共性，同时也兼顾了其个性所在。"榜首"的作用不容忽视，孩子们可以在与自己性别相同的"榜首"对照中完成自己的"自画像"——寻找并效仿，为良好习惯的养成奠定基础。

赏识他人的目的是挖掘学生自身的内在潜力，形成自我教育、自我发展的内部动力。当学生在肯定他人、评价他人的同时也在反思自己的行为，并能产生完善自己的行为的动力。榜样能影响学生的思想和行为，对学生产生巨大的感染作用，特别是学生身边的、大家所熟悉的典型，就更具有一种真实感和说服力。当学生用自己的眼睛发现榜样时，在其巨大的感召力下会大胆地效仿，从而达到自我教育的目的。

2. 深化认知、完善认识

自我认识的不断完善是学生在老师的指导下运用道德标准对自己的行为进行分析、判断的过程。学生如果能够正确地评价自己就能够确定合理的方向。这样可以促进孩子不断强化自身积极的方面，抑制自身消极的方面，使学生懂得哪些行为是正确的，哪些行为是不正确的，从而提高学生的是非观。

"小绅士""小淑女"的形象就像一面镜子，时时映照着孩子的成长。我们还会进行阶段性的总结，在总结中我们会分为男生与女生来开展，在这个过程中，我们会以最初所制定的男生、女生的性别特点为标准，进一步深化性别特点的同时，谈谈自己的进步点，回顾过去的目的是为了更好的展望未来。孩子们会在这个过程中，收获成长的快乐，寻找未来发展的新目标，从而完成自我完善的过程。

自我完善具有较强的约束力，通过对学生行为的反馈，使学生不断调整自己的行动，以达到自我约束、自我监督的作用。同时，也能调动学生内部发展的积极因素，主动地按正确要求去做，激励学生形成良好的道德，预防和克服不良的品德。

四、效果与反思

经过一段时间的实践，孩子们的心中更加明确了对自己性别的认同，有些所谓的"假小子"变得淑女了许多，不再躁狂、自我。孩子们能够听进他人的教育，并能在接纳的同时逐步调整自我的行为与想法，跑的少了，走的多了；哭的少了，乐的多了；喊的少了，静的多了。

面对学生的改变，我也在思考。我们把学生分为"男生"和"女生"，儿童也这样区分。社会上的人在从事各项活动时的言谈举止都以男女性别模式予以区分。儿童喜爱并相信的大众塑造的男女主人公的形象，在无形中影响了男女角色的分化，使儿童的性别认同更加巩固。这种认同的巩固可以更为有力地指导着学生的行为发展、习惯养成。

习惯是一种自动化的行为，不需要特别受思想和意志的控制，也不需要别人的监控，在什么情况下，就按什么规则（或规律）去做。习惯一旦养成，就会成为支配人生的一种力量。由此可见，对于低年级的学生，习惯养成的重要性与长远性，对于习惯养成教育的多样性、生动性以及持久性有发挥的作用不言而喻。新的理念、新的角度、新的思维都将直接影响到教育效果。作为教师如何思考、如何实践、如何学习都展现着教师的领导力。

交往与自我保护

小学高年级青春早期异性交往研究

北京市羊坊店中心小学　李莲华

一、研究的提出

随着学生年龄的增长，我们注意到高年级学生在悄悄地发生着变化，他们由活蹦乱跳的小公主变成了羞涩含蓄的小女生，由畅所欲言的小王子变成了欲言又止的小男生。这一切的变化都在不经意间如雨后春笋般地发生了。这一切的变化让我们这些做教师的有喜有忧，有笑有泪，真是看在眼里急在心上，好想帮一帮这些处在青春期的孩子们。

青春期是指儿童向成人过渡的人生关键时期，是个体身体发育急剧变化的时期，也是心理发展飞速变化的时期。青春期教育是素质教育的一个组成部分，是针对青少年的心理成熟和心理发展所要解决的问题来规定它的教育目标，并通过相应的教育来达到这一目标。专家指出：小学 5～6 年级属于青春早期，是进行青春期教育的最佳时期。那么如何对高年级学生进行青春期健康教育，让孩子拥有一个健康快乐的童年，成为了我们研究的重点。

北京的一些小学，如上地实验小学、北京第二实验小学、北京医科大学附属小学已经就如何对待"异性交往"先行研究，对异性交往的三种状态，距离及方法，交往中的容纳、互助配合等方面取得阶段性成果，但是对于我们学生现在的状况还缺乏系统的指导意义，而且现代社会的媒体如此发达，学生的思想行为千变万化，我们迫切需要有的放矢的异性交往的指导，我们如饥似渴地需要行之有效的教育教学的具体方法。因此，我们希望就小学高年级异性交往的兴趣、彼此的相互吸引，异性交往的心理机制、外在表现、家长因素、行为指导等方面进行试点研究，及时总结成功与失败的经验教训，有效地解决孩子异性交往中的困惑、迷茫，为孩子顺利走入青春期做好充分的准备，便于孩子更好地成长，演绎美好的生命过程。因此，我校提出了此课题的研究。

二、研究的内容及过程

通过本课题的研究，使学生知道男女生生理和心理的差异，学会与异性同学交往的方法，知道与异性交往是一种走向社会化的交往能力，能在合作中体验、感悟与异性同学交往的快乐。本课题能培养学生健康的交往意识，使同学之间能团结友爱、互帮互助、健康成长。

（一）以课题开展为契机，开展青春健康教育课堂

1. 制订方案提供学校性健康教育制度保障

我校非常荣幸地成为了"北京市中小学性健康教育大纲实验研究"课题的一所子课题校，学校制定出了一套性健康教育实施方案，我校高年级利用双周的班会时间开展"性健康教育课堂"，并召开启动大会。由专门的老师为孩子讲授青春期的知识，进行心理的辅导，帮助孩子顺利度过青春期这个阶段。为了做好课题研究，学校还成立学校性健康教育工作领导小组，职责是策划、组织、协调、指导、监督等。我们还聘请知名心理教育专家，成立专家指导小组，对我校工作进行指导、咨询、培训。学校加大投入，设立性健康教育专项基金，为做好性教育理论研究与实践活动提供保障。

2. 多彩课堂成为学生学习心理知识的有效途径

高年级老师以课堂为抓手，认真上好性健康教育课。我们的教育课内容共分为七章：生命的奥秘、我们在成长、青春期心理变化、人际交往、自我保护、珍爱生命拒绝毒品、预防艾滋病。性健康教育课是学生普及心理健康知识、进行青春期教育的主要渠道之一。课上老师向学生传授青春期健康知识，教育学生洁身自爱，学会交往。课堂上老师们都创设轻松的学习环境，能充分调动学生的积极性。

3. 主题班队会为学生形成健康心理保驾护航

进入小学高年级以后，自我独立意识、性别角色意识渐渐增强，容易与周围人群产生矛盾，结合班内男生、女生之间时有矛盾发生，虽然这是孩子们成长过程中的必经阶段，但是我们还是希望帮助孩子们尽快地从矛盾情绪中走出来，能够逐步学习建立良好的人际关系，因此我校高年级各班召开了性健康教

育主题班会，通过录像、表演等真实情境引导学生体验、感悟互助关爱的美好情感，引导学生树立正确与人交往的观念和态度，学习关爱他人，宽容待人。消除男生、女生之间的隔阂矛盾，培养良好的班风，培养同学们的集体主义协作精神。

（二）以心理咨询个案研究为切入点，促进学生养成健康的心理品质

1. 心理咨询室为孩子开辟了敢于倾诉的空间

为了做好心理健康教育，学校设立了心理咨询室，开通了心理咨询热线和咨询邮箱，以多种方式为学生提供心理沟通的渠道。学校还要举办各种讲座，让学生与家长或专业人士进行面对面的交流，使之更直接地了解青春期的有关知识，解决心中的困惑。孩子们在心理咨询室里和老师沟通，与同伴交流，心灵的压力得到了释放。遇到特殊案例，以点带面，个别指导，避免学生在大庭广众之下的尴尬，增强学生自尊心、自信心，有利于师生间沟通、交流，更直接地解决问题。

2. 关爱女童活动促学生健康成长

按照全国心系系列活动，我校开展心系女童活动，我校心理教师为高年级女生做心理知识讲座，为家长做"青春期女童家庭教育讲座"，为所有的女童发放了心理健康宣传册，班主任老师和学生们一起阅读、一起探讨心理健康知识。开展我是"五美"女孩实践活动，给女孩们一个展示的空间。

（三）以心理科研为引领，提高教师的整体水平

1. 加强学习，提升教师自身素质

学校为教师提供多种外出学习的机会，2010年1月我校四位教师参加了小学高年级青春健康教育项目试点校师资培训，2010年8月我校两位教师参加了深圳召开的全国心理论坛，2011年1月我校两位教师参加了《北京市中小学性健康教育大纲（讨论稿）》修订与实施课题培训班。2011年2月，我校四位教师参加了海淀区小学青春健康教育项目试点校交流研讨会。2011年8月，我校三位教师参加了北京性健康教育国际论坛。2012年2月，我校五位教师参加了海淀区小学高年级青春健康教育项目培训。2012年8月，我校六位教师参加了第五届全国学校性健康教育学术研讨及国际论坛。2011年至2012学年度，我校薛秋兰、李晓芳、张辉、郭冬艳、栾红艳五位教师分别参加了不同级别的心理教师培训。通过学习培训，把先进的教育理念带回学校指导工作。

2．注重研讨，提升教师育人水平

学校定期召开班主任例会，努力创造德育队伍良好的工作、学习、交流的氛围。例会上进行理论学习、经验介绍以及性健康教育等各种方案的讨论等。例会的定期召开使班主任在课题研究中有了明确的工作思路。学校还成立了班主任工作室，由学校的班主任带头人作为每月的工作室版主与大家进行心理课研究、个案研究、案例撰写等多方面的交流。每一位参与教师通过班主任工作室的活动，都从中受益颇多，提升管理水平。

3．课题引领提升学校性健康教育质量

结合市级课题"小学高年级青春早期异性交往研究"的申报成功，积极开展德育科研工作。通过实践研究，进一步培养学生健全的人格，促进学生心理的健康发展。在课题研究的过程中，最大的受益者是教师和学生，在课题的引领下，学生在学校一定会成为具有健康的心理、多元的文化素养的一代新人。

三、研究的方法、特点及创新

在课题的研究中我们运用了以下研究方法：

（1）调查法：通过问卷、谈话、测查等多种方式，搜集教师、学生、家长的相关信息资料，用于了解学生的青春期健康教育的现状，并结合现状进行研究。

（2）行动研究法：选取高年级学生进行实践研究，直至六年级毕业。其间注意根据家长会和学生自身反映的问题对教学方案及课题方案作出及时的调整和修订。

（3）个案研究法：选取典型案例分析研究并追踪调研，重点建立学生心理档案，进行科学系统的分析，找出解决问题的方法。

（4）经验总结法：在实践中不断探索和完善，通过理论与实际相结合，不断总结研究经验，积极撰写研究报告。

本课题研究的创新点是：我校青春期健康教育不单单是给学生讲解相关的心理知识，而是与学校的教师队伍建设、德育活动、德育科研、养成教育等有机结合，渐渐形成一套独有的性健康教育体系。通过性健康课题研究使学生健康、阳光地成长。

四、研究的效果

（1）通过课题研究，小学高年级学生青春期疑惑得到了解答，能力得到了发展，同时他们的心理素质也有了明显的提高。通过课题研究，较好地缓解了刚刚步入青春期的高年级学生的一些心理压力，排解了一些心理困惑，引导他们增强自我保护意识。

（2）通过课题研究，促进了我校教师主动学习青春期健康教育知识，使教师对在学校开展青春期教育有了思想上的改变，对学生一些不良心理现象有了完全不同的处理方式，取得很好的效果。

（3）通过课题研究，学校将为家长提供更多的教育资源，完善家校交流平台，使家长在与孩子的交往中有了更好的沟通效果，孩子与家长更加亲近了。

四年级学生人际交往的实践研究

北京市燕山前进第二小学　　刘冬梅等

一、研究的背景

随着现代社会信息化、多元化和开放化的发展，人际关系质量和人际交往能力逐渐成为衡量儿童和青少年整体素质的重要指标。根据发展心理学理论，儿童的社会交往主要是与同龄伙伴交往。同伴交往包括同性同伴交往和异性同伴交往。然而，近些年来，受多种因素的影响，青春发育年龄提早了 2~3 岁，形成性早熟现象。在小学高年级（五、六年级）中，已有 30% 左右的男孩和女孩分别出现了青春期的生理与心理变化。青春期是个体由儿童向成人过渡的时期，又是非常复杂、充满矛盾的"困难期"、"危机期"。对于小学高年级学生来说，青春期伴随而来的生理、心理的变化使他们困惑。尤其是与异性同伴人际交往中，经常出现班级男女生对立、水火不容的局面，不仅影响他们的同伴关系，产生一系列心理问题，甚至影响到他们的学习、生活、人生观等。学校是学生生活学习的主要场所，同伴交往又是儿童社会性发展的非常重要的途径。正常的同伴交往不仅可以满足儿童集体归属感的需要，还可以促进他们的人格和社会认知发展。心理学研究者叶子、庞丽娟研究认为：随着儿童独立性和心智不断成熟，同伴关系的影响力会超过亲子关系和师生关系。作为教育者，我们认为适时地对学生进行青春期性健康教育——培养儿童良好的社会交往技能，掌握同伴交往，尤其是与异性同伴交往的策略，不仅有必要，同时要做到未雨绸缪。据调查，四年级学生大部分学生处于青春前期，小部分进入了青春期。无论在认知上、自我意识上、情绪稳定性方面都较低年级和高年级的学生稳定，因此，是学习青春期前人际交往的最好时机。因此，我校将研究课题定为"四年级学生人际交往的实践研究"，希望通过心理健康活动课、各学科渗透课、各类学校活动使学生了解人际交往的知识与方法，从而使处于青春期前期和青春期的学生们成为健美、自信、快乐的魅力男生、女生。

二、研究的意义

（一）国外的研究现状

近年来，国际上关于青春期性教育方法和比较成功的模式主要包括欧洲瑞典、荷兰的早期学校性教育，源于澳大利亚并流行于美、英等国的"同伴教育"。瑞典是世界上最早推行青春期性教育的国家。早在1942年，瑞典就开始对7岁以上儿童进行性教育。教师主要采取启发式、参与式、游戏式教学方法。

尽管各国和各地区存在着文化背景、历史传统、观念习俗等方面的差异，但是在确定教学目标、任务、功能上，还是表现出大致相同的趋势：具有以人为本，面向全体学生的共同特征。

（二）国内的研究现状

在关于青少年（以中小学生为主）的性教育问题上，多项研究指出，由于受到传统观念的束缚，我国的青少年性教育发展缓慢，一直是基础教育中比较薄弱的环节，导致了当前青少年性无知、性失误和性罪错等问题的增多。然而，近年来随着人们认识水平的提高，大、中、小院校都开始重视性健康教育，把它作为素质教育的一部分。首都师范大学心理咨询中心杨学、范丽华曾对"青春期异性交往"这一问题进行了研究，指出青春期的异性交往一直是一个敏感话题，教师、家长、学生自己都避讳。我们需要对青春期异性交往的种种表现及原因有一个明确的认识，才能引导处于青春期的青少年顺利度过这一情感关键期。同时，指出青少年对异性产生爱慕情感呈现低龄化趋势，这可能与性早熟有关。中国家庭性教育普及率较低，青少年从其父母处获得的性知识比例较小，而大众传播媒体对于青少年性教育的负面作用相对明显。为此，学校成为开展性教育最适宜的土壤。而在小学开展性教育的重点就是教育学生学会与人正常交往。

美国心理学家莱兹曼说："整个青少年期是完成生理和心理成熟的阶段，是形成个性的阶段。"埃里克森的人格发展阶段论认为，人际交往对儿童身心发展有重大影响。少年儿童具有可塑性，因此，在学校开展学生人际交往辅导的实践研究是很有必要的。小学生在学校内的交往主要分为两类：一类是与同伴交往（包括同性同伴交往、异性同伴交往）；另一类是与老师的交往。而与同伴交往一直成为学校开展性教育活动的重点。本研究根据我国青少年青春期年龄提前的特点，结合小学高年级男女生中出现的关系对立现象，尝试在小学四年级中通过心理辅导活动课、学科渗透、个体辅导等途径开展人际交往的指导。目的是通过良好的人际交往指导促进儿童的自我概念的形成、满足儿童归属和爱的需要以及尊重的需要，培养儿童良好的人格，同时促进儿童社会认知和社会交往技能的发展。小学阶段良好的校内人际交往环境和人际关系能使孩子们心情舒畅、身心愉悦，培养乐观、豁达的品格，在当前乃至今后的生活中都能积极主动地适应环境，应对各种问题，最终成为健康、自信、快乐的少男和少女。

（三）学校调查

我校地处北京远郊燕山石化城脚下，是五四学制。学生大部分是来自本地公司的双职工子女，物质生活丰富而平均；有一小部分是外地务工人员的子女，这部分学生普遍比同班学生大一至二岁，他们的青春期也较同班学生提前到来，而对这部分学生的青春期教育是滞后的。结合首都师范大学心理咨询中心杨学、范丽华对"青春期异性交往"这一问题进行的研究，表明青少年对异性产生爱慕情感呈现低龄化趋势，可能与性早熟有关。这就提醒我们青春期前教育势在必行。

（四）存在的问题

由于地处郊区，又是小学，在青春期教育资源方面非常匮乏，如教材、课时、教师等，再加上青春期教育对学生、家长、教师都是个非常敏感的话题，开展什么样的活动、开展到什么程度才能满足这三方需要还有待学习与思考。

三、研究的理论依据

（1）《性伦理学》一书在小学生性道德教育内容方面强调：要教育儿童与同龄者处理好关系。教育孩子如何与人正确交往，教给孩子掌握一定的技能技巧。

（2）《发展心理学》强调儿童的社会交往主要是与同龄伙伴交往。同伴交往包括同性同伴交往和异性同伴交往。

（3）《心理辅导活动课操作实务》一书中也阐明，在小学四年级主要发展的任务就是满足孩子们正在迅速扩大的交友和被同伴接受的社会性需求，使他们获得成长中必不可少的亲密感和安全感。

（4）《青春期性心理健康与咨询》一书认为，每个青少年青春期的性心理特征都能通过其人际关系的变化而表现出来。青春期人际关系状况对其健康成长有着重要的作用。

基于以上理论与观点，我们认为，孩子在成长过程中对人际交往的认识是一个渐变的过程，从幼儿时期的无明显性别意识，到对自己性别的认同，对人际出现短暂疏远，再到对人际爱恋、吸引的青春敏感期，都是随着性生理的发育而自然产生的性生理和性心理的变化，在这个渐变的过程中，同是处于青春期的孩子，对人际的态度却有很大的差异，甚至走入误区。既然人际交往是青少年的必修课，那么在哪个年龄段、怎样的开展方式等问题显得更加重要，本研究之所以选择小学四年级开展人际交往的指导是结合国内外普遍存在的小学生青春期提前这一特点，充分发挥学校心理辅导活动课特点，使之成为人际交往指导活动的载体，借助各学科渗透点进行全校性辐射，以个体心理辅导为补充等途径，对小学四年级学生进行人际交往辅导，做到未雨绸缪。同时，在了解了青春期学生人际关系特点、同伴交往重要性的基础上，对青春前期的学生进行辅导，使学生从认知角度、情感角度、行为上有所改变，正确对待青春期带来的生理、心理及人际关系中遇到的矛盾与冲突，成为健康的、快乐的少男少女。

四、研究的目标

（1）通过讲座、个体辅导、小团体辅导让学生初步了解青春期生理、心理变化及人际交往特点。

（2）通过渗透课、问卷调查等形式让学生进一步认识男、女生的特点与差异，正确悦纳自己。掌握交朋友的方法，初步理解友谊。

（3）通过各类心理活动、体育活动，让学生在宽松的氛围中理解人际关系中互相尊重、体谅、合作与付出的意义。

（4）利用讲座让学生初步掌握与陌生人交往的方法，提高防范性侵犯的能力。

五、研究的主要内容

根据《北京市中小学性健康教育大纲（讨论稿）》，课题组总结出小学四年级的学生在人际交往中应做到以下几个方面：

（1）性心理健康知识与技能方面要求：初步掌握交朋友的方法，初步理解友谊和爱的含义；

（2）社会性道德原则和行为规范方面要求：理解人际关系中互相尊重、体谅、合作与付出的意义；

（3）自我保护能力方面要求：初步掌握与陌生人交往的方法，提高防范性侵犯的能力。

六、研究的方法

（一）问卷调查法

根据本课题的实际情况，实验实施前我们采用问卷调查法调查分析我校四年级学生人际关系发展的现状，并进一步分析了学生人际交往问题形成的原因，让教师有针对性地制定具体的辅导目标，实践总结时我们采用问卷调查法分析我校教师辅导实践的状况和课题研究的成效。同时，在实验前对四年级家长进行问卷调查，了解家长对孩子青春期教育的了解、关注程度及建议，从而更为科学、合理地开展四年级学生性健康教育。

（二）访谈法

为了更好地了解学生的独特的个性，同时也针对学生个人意愿，进行个别访谈，在具体方法上对学生实行个别化对待，针对学生身心特点，因势利导，扬长避短，采用灵活多变的辅导策略。

（三）行动研究法

在我校课题负责人的带领下，我校心理健康教师，各年级组长兼班主任，以及音、体、美骨干教师共同参与研究。通过学校各类实践活动让学生学会如何与同伴交往。

（四）个案分析法

对个别较具代表性的学生案例，进行深入细致的研究，得出人际交往辅导的一些途径、方法和策略等。例如，我校鲁海明老师通过个案辅导撰写了两篇案例《女生真可怕》《青春期的烦恼》。

（五）经验总结法

经验总结法是在不受控制的自然形态下，依据辅导实践所提供的事实，分析概括教育现象，使之上升到教育理论高度的一种方法，为推广普及提供依据，为提高教师的实践能力和教科研水平打下基础。

七、研究的主要过程

本课题以人际交往为切入点，根据学生的成长需要，研究小学青春前期教育的内容与方法。主要过程分为以下三个阶段。

（一）第一阶段——准备阶段

（1）成立课题组领导小组和研究小组（审核课题研究方案）。

（2）组织教师学习专业理论知识和有关人际交往辅导理论的学习，如《性伦理学》《青春期性心理健康与咨询》《小学学科渗透性健康教育教案集》，重点学习了《北京市中小学性健康教育大纲（讨论稿）》。通过学习，课题组更加坚定了本课题的研究方向，依据大纲的要求制定出教学内容与方法。

（3）开展问卷调查和观察相结合的手段对小学四年级学生进行调查，分析我校小学生人际关系发展的现状，并进一步分析学生人际交往问题形成的原因，修订方案、计划。对家长开展问卷调查，掌握家长对孩子进行青春期知识教育方面的需要、建议，从而更有利于参与课题的教师结合家长与学生的共同需求开展性健康教育活动。

（二）第二阶段——实施阶段

实施阶段分为实施前段和实施后段。在课题具体实施时，课题组又提出了质疑：如何在自己的学科中渗透性健康教育？怎么渗透？从哪渗透更好？渗透到什么程度？如果渗透多了，成了"四不像"的课，让学生不知道在讲什么，脱离了原本教学目标。通过向总课题老师请教，从中找到了学科渗透课的具体要求：

（1）授课教师在传授知识、训练技能的过程中，渗透与青春期性教育相关的情感、态度、价值观，做到有机结合，不要生拉硬拽。

（2）不失原科目教法。以主教学学科为基础，教学方法不受环境影响，即保持学科特色。在完成知识与技能、难点与重点的过程中，自然贴切地联系学生青春期的生活，进行点到为止、春风化雨的指导。课题组老师此时心中踏实了很多，情绪更加高涨，讨论中达共识，思考中求完善。最后，课题组决定将实施前段主要侧重点定位在利用同伴交往的辅导，通过各学科渗透交往中男、女生在性别、性格特点的差异。通过学校集体活动、社团活动让学生体验人际交往的方法。实施后段，在学生了解了一定的人际交往方法后，也随着学生进入到五年级，开始在心理健康教育课中融入生理知识，利用讲座对学生进行青春期知识、自我保护、如何与陌生人打交道的方法等的教育，使性健康教育潜移默化地与日常教学有机结合。

（三）第三阶段——总结阶段

（1）积累、收集研究的数据和具体材料，包括有关计划、活动课设计、教学反思、论文、个案辅导记录、学生活动记录、班队活动课或其他学科渗透教案、测试结果以及体现研究成果和问题的一切书面、音像材料。

（2）撰写结题报告。

八、研究的结果与分析

（一）研究结果

1. 教师好好学习

在总课题组专家领导的指导下，参与课题研究的教师们研究能力不断提高、成熟，在思想上认识到青春期性健康教育的重要性，通过实践也走出思想上的误区，不再茫然于如何渗透性健康教育知识，而是学会善于抓住课堂上的细节，有意识地进行性健康教育知识的渗透，起到润物细无声的作用。例如，徐连凤老师的语文渗透课《小柳树和小枣树》，形象、自然地把小柳树和小枣树的外形和特点比喻成男孩与女孩各自的性别、性格上的不同，进而引出本课的主旨："尺有所短、寸有所长"，男、女同学间也应该互相学习他人身上的优点。

以下是参与课题教师取得的成绩：鲁海明说课"男生女生携手向前冲"获北京市性健康教育说课比赛三等奖、案例《女生真可怕》获北京青少年性健康教育国际论坛暨第四届全国学校性健康教育学术研讨交流会一等奖；赵俊玉《拉起我们的手》获教学案例二等奖；王爱莲老师的论文《家长在孩子性教育问题上不可忽视》、李慧超老师的论文《从孩子嬉戏中发现问题》均获三等奖；韩亚芹老师的《猫》语文渗透课现场作课获北京市中小学性健康教育大纲实践研究项目中期检查评比二等奖；刘冬梅、鲁海明《四年级学生人际交往的实践研究》中期报告荣获北京市中小学性健康教育大纲实践研究项目中期检查评比一等奖。

2. 学生天天向上

经过一年的研究，成果是显著的。通过课题组开展的各类活动使学生得到了不同程度的成长。大多数学生能够坦然面对大家，敞开心扉。青春期性教育渗透课、学校各类活动帮助学生认识了男孩、女孩在身体上、性格上的差异，增长了知识，打破了性的神秘感，提高了学生的自我保健能力。同时，班级男、女生关系发生了很大的改变，由最初的对立、剑拔弩张变得更加和睦。老师们反馈说："参加了心理社团活动以后，一个跟女生说话就脸红的男孩子脸不红了；平时在班里很跋扈的女生也变温柔了；男女生相互告状的少了，更懂事了。"总之，男孩向绅士学习，女孩向淑女发展。

（二）分析

1. 在小学中段开展性健康教育，要有计划、循序渐进地进行

小学四年级的学生大多在 9、10 岁，处于青春前期，认知上、自我意识方面有了一定的发展，但我校参与课题的教师认为此龄段性教育的第一阶段侧重点应是人际交往，以同学生活中的小事件出发，在讨论交流中引导出正确的人际交往方法，进而引导男、女生由于性别、性格特点的差异，交往中应遵循一些原则。当学生具备了一定的人际交往知识和方法后，再通过心理辅导课、社团活动、讲座等形式进行青春期性生理、心理、自我保护等知识的教育，完成第二阶段。只有让学生在认知结构上有个过渡，才有利于学生对知识的获得和自身得到成长。

2. 在学校中开展青春期性健康教育，要形成家、校、生沟通共同体

课题组在对所有四年级学生和家长进行问卷调查后发现：

（1）当问及朋友中大多数与你是同性别、不同性别或两者都有时，男生选择不同性别都有的占 40%、同性别占 40%，女生选择不同性别达到了 49%，高于男生，我想这跟女生提前进入青春期有关，她们对异性同学充满好奇；而选其他选项可能跟学生对男女人际交往方法的缺乏有关。

（2）95% 以上学生愿意参加学习人际交往的活动；当问及选择学习青春

期知识的途径时，98%的学生选择希望在学校心理健康教育课上，可见学生更愿意与同伴们共同成长，学校是学生性健康教育的主阵地。

在对家长的调查中我们发现几个特点：

（1）在了解孩子身体、生理变化的家长中，75%的女孩学生家长表示已发现，而男孩家长只占58.3%，分析可能与男孩进入青春期晚有关。

（2）在问及是否有必要提前学习青春期知识时，男孩家长认为有必要的占63.7%，没必要的占36.3%；女孩家长认为有必要的占90.7%，没必要的占9.3%。存在这么大的差异，参与课题的教师认为与女孩青春期生理特点有关，家长认为女孩子是个弱势群体，应该学习更多的青春期性健康教育知识，才能保护自己；而男孩家长36.3%认为没必要也反映出家长在孩子青春期性健康教育问题认识上仍存在一些误区，怕男孩提前学习不利于成长。

（3）选择青春期性健康教育途径时结果如下：选家长告诉的占0.5%，选择学校心理健康教育课、同性别家长讲、自行阅读相关书籍三种方法的占98.8%，选择同学告诉占0.2%，选择阅读相关书籍的占0.5%。这充分说明家长更希望通过学校的课程让学生学习系统的青春期性健康教育知识。

人际交往是人与人互动、沟通、交流的过程，更是儿童心理发展历程的一个重要时期。树立科学的性价值观，有计划地开展性健康教育，提高学生人际交往的能力，需要家与校、家与生、生与家形成一个完整的沟通共同体来实现。

3. 结合学校办学理念与文化特色，将性健康教育理念浸润到学生日常行为活动中

我校办学理念是培养富有生命价值的小公民，蕴意就是把每一个富有灵性的生命作为教育的原点，点化和润泽每一个生命，开启生命智慧，发现、尊重、促成生命的价值，为生命的至"善"、至"美"创造条件。学生作为一个个鲜活的生命，学校更应该为他们营造一个宽松、和谐、平等的氛围，接受成长中各类知识与技能的机会，一切为了学生的成长服务。我校体育老师唐燕利用男女生功夫操表演让学生懂得阴阳之理如同男女的性格特点有刚有柔；班主任老师根据男、女生特点分别成立班级小主管，让每个小生命都担负起责任；心理教师利用心理社团活动为人际交往困难的学生开展一系列活动，让学生在活动中体验友谊带来的快乐，如何与人交往。同时，在调查学校参加心理社团学生参加的原因时，92%的学生是想知道如何与同学相处，这也充分说明同伴

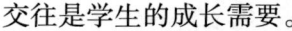

交往是学生的成长需要。

九、结论

在实施课题研究的一年多里，我们看到了如下的成效：

（1）学生们认知、行为有所改变。在老师的引导下，学生对"青春期""性"等字眼能够积极面对；在了解自身的生理、心理变化的同时，更加悦纳自己；掌握了与异性同学交往中做到落落大方、坦坦荡荡，遵守一定的原则，班级中男女同学间相处更加融洽。

（2）教师的思想观念在转变、研究能力在提高。我校参与课题的教师经过一年多的课题研究，收获很大。首先，参与研究的教师对待性健康教育的观念发生了改变，并对此产生了浓厚的研究兴趣。其次，善于抓住课堂教学中每个小渗透点进行性健康知识的渗透，不为渗透而渗透，让理念存在自身教学意识中，落实到教学中。

十、研究的局限性及有待进一步研究的问题

（一）局限性

我校地处北京西南燕山石化城脚下，大多数学生是本地双职工子女，还有三分之一的学生是外地务工人员子女，学生物质生活丰富。燕山区隶属房山区，但有独立教委机构，中小学校、高中校一共9所。学习资源相对缺乏。在以往，燕山青春期性健康教育的任务一般都在中学阶段设立了专门的课程。而小学受五四学制影响，四、五年级的孩子都处于青春前期，没有专门的教师、课程、教材，因而加大了开展工作的难度。我校在学习了《北京市中小学性健康教育大纲》及相关《性伦理学》《青春期教育与咨询》《北京市中小学性健康教育模式初建》课题成果汇编等后，尝试在小学四年级学生中进行人际交往的实践研究。实践中转变对性健康教育的错误认识，沟通中寻求家长支持与配合，力争做到有限的条件价值无限大。

（二）有待研究、积极思考与探索的问题

（1）青春期性生理知识部分如男、女生分开讲，男孩青春期来得晚，在小学阶段用不用讲、谁讲比较合适。

（2）通过家长问卷获知，虽然60%的家长知道青春期的时间，但真正答

对的却凤毛麟角。因此，我们认为下一阶段将邀请专家对家长进行青春期家庭教育培训，使家长转变思想，提高意识，配合学校共同做好青春期性健康教育工作，使学生们正确面对青春期中出现的生理、心理带来的人际交往上的冲突，更加健康、快乐地度过青春期。

（3）为进一步提高我校教师青春期性教育专业知识，我们将请课题组专家老师现场指导，结合我校特点更好地开展此项工作。

（4）积极利用社会资源如区计生办、妇幼保健站开展学校青春期性教育活动。

参考文献

［1］吴来苏. 性心理学. 北京：中华工商联合出版社，2008.

［2］钟志农. 心理辅导活动课操作实务. 宁波：宁波出版社，2007.

［3］肖扬. 青春期性教育：全球青年发展的重要议题. 中国青年研究，2005（5）.

［4］吴增强，等. 班级心理辅导. 上海：上海教育出版社，2006.

［5］叶子，等. 论儿童亲子关系、同伴关系和师生关系的相互关系. 心理发展与教育，1999（4）.

［6］渠淑坤. 青春期性心理健康与咨询. 北京：中华工商联合出版社，2008.

利用主题班会对小学高年级
学生开展异性交往教育的研究

北京市大兴区第三小学　崔书良

一、研究的提出

　　基于我校高年级学生异性交往方面的调查与分析，我校根据校具体情况，计划以主题班会为主阵地，利用主题班会的自身优势，以教师的引导以及学生之间的自我教育为主，着力开展异性交往教育。通过主题班会对异性交往中出现的问题，将要发生的问题进行正确引导，促进异性同学之间的健康交往，为他们提供学习科学知识与技能的条件与环境。并且通过主题班会引导学生懂得异性间尊重和沟通，教授其与异性交往的技巧与方法，帮助学生建立起正确的、健康的异性交友观念与态度，同时帮助学生及时能够查找自身亟待需要解决的问题，引导他们作出正确的决定，不断提高学生与异性同学健康交往的能力。在研究过程中，帮助学生掌握魅力男生与美丽女生的正确内涵，同时帮助他们掌握正确的与异性交往的方法与礼仪，能在纷繁复杂的信息中辨别真假美丑，从而达到学生健康成长的目的。在研究过程中，同时帮助学生理解自身性别的内涵，增强自身性别的认同感。同时，为探索性教育大纲中在小学高年级中开展异性交往教育的方式，落实大纲要求，为大纲内容的落实，研究充实操作途径。

二、研究的理论依据

　　（1）《北京市中小学性健康教育大纲（讨论稿）》在各个学段具体性健康教育内容中明确指出：3~4年级学会"人际关系中相互尊重、体谅、合作与付出"、5~6年级懂得"魅力男孩与女孩的内涵，性别美的内涵"。

（2）主题班会是班级教育活动的形式之一，它是班主任根据教育、教学要求和班级学生的实际情况确立主题、围绕主题开展的一种班会活动。主题班会对澄清是非、提高认识、开展教育、促进学生的成长和树立人生观都起着重要作用。

利用主题班会课开展异性交往教育，对于高年级学生来说有着独特的优势，从班会的主题确定到准备、召开的所有环节学生都可以受到教育。为大纲的落实开辟出新的途径，积累成功的经验。

三、研究的目标和内容

课题研究的目标和内容是通过主题班会的形式，发挥主题班会在异性交往教育等方面的优势，借助认知改变、体验引导和行为训练等方式，在老师的正确引导下，在学生之间的自我教育下，对小学高年级学生在异性交往的技巧、异性交往的心理以及异性交往的礼仪等方面施加正确的引导，使得学生在异性交往中的情感、认知、行为等方面有积极转变，促进我校高年级学生健康成长，并且增强自身性别的认同感，争做魅力男孩与女孩。

四、研究的方法和对象

研究方法包括教学实验研究法、行动研究法。

研究对象为五、六年级小学生。

五、研究的主要步骤

2011年2月至2012年3月，课题开题论证阶段；2011年3月至2011年5月，高年级异性交往知识普及阶段；2011年6月，采用调查问卷、走访学生、家长等调查方法，调查高年级学生之间异性交往中所存在的问题，集中问题后，确定主题，准备召开主题班会。2011年7月，主题班会的准备阶段。这个阶段是一个非常重要的阶段，可以说异性交往问题的解决，很大一部分都会在准备过程中得以解决，在有意识地选择学生、选择材料等环节中通过自我教育、教师的行为导引等过程改良异性交往的方法技巧等。具体如下：

（1）发现问题，确定主题。主题以下述方式确定：在研究过程中通过问卷调查、个别访谈、家校联系等途径了解学生中普遍存在的问题，科研小组老师依据大纲以及学生的身心特点，确定主题。

（2）素材搜集，整理资料。结合主题，依据大纲要求科研组老师与学生一道搜集素材。素材的搜集结合问题出现背景，问题产生原因，本着从学生中来到学生中去的原则，搜集与之相契合的素材，并加以整理。

（3）环节设计。环节设计是在科研组老师集思广益的前提下设计的，力求生动新颖、不拘一格，调动各方面的优势资源为班会所用，同时还要寓教于乐，在班会的进行之中，用精心设计的环节去感染学生，在学生们的活动中，配合指导老师的适时点拨，润物无声地提高学生的异性交往能力。过程中充分发挥学生的主体作用和老师的主导作用。

（4）会后反思以及效果跟踪调查、问题解决。主题班会召开之后，科研团队的老师根据班会召开的情况反思过程中的成功之处，以及出现的问题和不足。继续跟进调查班会召开的效果，从反馈中了解问题解决的情况，因为召开班会的最终目的是为了解决问题。研究团队会根据依然存在的问题调整策略，采用适合的教育方式继续解决，如个别辅导、团体心理辅导等。

（5）效果反馈，成果汇总。这是一个教育活动系列，旨在以主题班会为平台和切入点，帮助学生查找问题，解决问题，提高学生的异性交往的能力。每一次主题班会课的召开以及前期、后期的工作都是一个系列的教育过程，最终的结果无论是成功还是失败都要认真记录，反思教育得失，认真总结经验教训，进而指导后面的工作。

2011 年 7 月至 9 月，暑期分小组活动阶段，增进友谊，加深了解。

2011 年 9 月至 2011 年 12 月，课题研究经验积累总结阶段。

2012 年 2 月至 2012 年 7 月，进一步研究、总结课题阶段，积累成果。

2012 年 9 月至 2012 年 11 月，撰写结题报告、研究报告阶段，课题结题。

六、研究的特点以及创新之处

课题的主要创新就是通过主题班会的形式，发挥主题班会在异性交往教育等方面的优势，对小学高年级学生在异性交往的技巧、与异性交往的心理以及异性交往的礼仪等方面施加正确的引导，使得学生在异性交往中的情感、认知、行为等方面有积极转变，使我校高年级学生能够健康成长。

在研究过程中我校课题组成员，以主题班会为主阵地发挥其自身优势，在教师指导和学生共同参与下，在异性交往教育的舞台上舞出创新的风采，收获成功的果实。

班会召开的过程即学生异性交往水平提升的过程。首先，班会召开的主题源自学生在异性交往方面问题比较集中的方面，具有代表性。其次，班会召开前的准备工作最为重要，搜集材料、整理素材、分组合作、节目编排都由学生亲自完成，这个过程中所展现出来的就是学生自我教育、自我提升的过程。在这个过程中学生在一起相互帮助，为了同一目标共同努力，增进了解，促进友谊，消除隔阂，促进班集体和谐稳定。再次，班会召开是对问题处理的一次集中体现，也是对各个组、各个学生之间劳动成果的一次展示，厚积而薄发，在主题班会课上我们希望出现思想碰撞的火花，同学们寻找解决问题的途径，问题解决后喜悦的心情，这些都会使得学生在认知以及异性交往水平上得到大幅提升。最后，在班会召开之后学生还会把班会中所涉及的问题继续实践下去，也会使学到的知识迁移到具体的生活学习中去，这样就达到了召开班会的目的。

七、研究的效果

在课题伊始，采取整班取样方法，选取我校小学五、六年级的 356 名小学生进行调查。回收问卷 100%，男女性别比例相当。设置的调查问卷中，内容分为异性交往角色认知、异性交往情感体验、异性交往行为调控三个维度，共 18 道题。"和异性同学交往的过程让我很不自在""看到别的同学都能很好地和异性交往我感到压力很大""我对我现在与异性同学的交往状况不满意"等问题的选项中，选择符合或基本符合的比例占到 73%，而本学期调查结果显示，同样的问题在学生中所回馈的信息显示比例下降到 18%。看到小学生男女交往密切的时候，六年级小学生中有 42.7%认为这种关系是普通朋友关系，有 56.2%认为这是一种恋爱关系，有 4 名学生未填写。数据显示，对异性朋友关系的猜测，几乎有一半学生都选择是"恋爱关系"，认为只要一男一女关系亲密就是恋爱关系，表明他们对恋爱关系的概念模糊不清。本学期调查显示，在这方面的比例有变化，但不显著，认为是普通朋友关系的上升到了六成。

研究过程中还发现小学六年级的学生与异性相处时，容易受到同伴的影响，还容易成为被模仿的对象。一部分学生对别的同学和异性交往的态度在群体中所占的比例，显示他们对异性交往的主导思想。在研究过程中我们把握这种主导思想，并加以影响，使一些孩子在和同伴交往的活动中改变对异性交往的错误思想和一些消极行为。而最终要形成班级的良好风气，应该先从班级中有影响的几个人开始，让他们做榜样，然后营造一个团结友爱、互相帮助、共同进步的氛围。

爱在花开之时

——谈如何正确引导青春期学生异性交往

北京医科大学附属小学　刘雅利

我承担小学班主任工作已近二十年，从我一线的经验来看，现在有些小学高年级的学生提早进入了青春期。在我国，一般把 13 岁至 18 岁这一阶段称为青春期。由于经济的飞速发展，人们的生活水平也在日益提高，孩子的营养也普遍有所加强，从而使青春期提前到来。现在的电影、电视剧、动漫、网络游戏等，几乎都有男女之间的感情纠葛，成人世界的情与爱，对未成年孩子的思想、行为影响很大。对成人世界处于好奇状态的他们，就会模仿所了解的成人世界。这种现象已很普遍，很多孩子对于与异性交往没有明确的和正常的概念。因此，只有了解孩子们的交往特征，并正确加以引导，才能使他们健康、快乐地成长。

一、小学高年级男女生身心发展特征

（一）交往本身的需要

交往是人的基本需要之一，没有交往，人不能发展。同性之间的交往与异性之间的交往都是很重要的。在小学高年级阶段，孩子们把交往的对象慢慢地由同性向异性转移，这是一种心理需要。因为在与异性的交往中，学生能体会到与同性交往所不能获得的情感交流和感受。而这种交往的需要是由以下几方面因素造成的。

1. 媒体的影响

通过教育实践，我了解到在小学高年级中，很多学生喜欢阅读漫画、青春校园小说等。这些书籍对于小学生来说，有很大的影响力。书中不乏情爱的情节描写，使得喜爱并经常阅读这类书籍的小学生常常会幻想书中的故事情节也有可能发生在自己身上。他们就会特别关注周围的异性，很多举动随之"成人化"。

2. 家庭的因素

现代社会单亲家庭越来越多，许多孩子从小缺少父爱或母爱；有些父母忙于工作，很少与子女交流，造成与儿女感情上的疏远，使得孩子转移注意力，试图从异性身上寻求满足和安慰。此外，孩子模仿力很强，他们的第一任老师就是家长，父母是孩子的榜样，他们的言行孩子们都看着、学着。对父母的模仿使他们也想寻求异性交往。

3. 自身的因素

现在生活富裕了，营养好了，加上吃含有激素的保健品或者快餐，使如今的孩子普遍成熟较早。我的一个学生，从三年级就开始来月经，而且每隔20天就来一次，小脸惨白，后来吃了不少中药调理了很长一段时间。在小学高年级，很多学生都已经发育，处于青春期初期。学生的心理发育跟不上生理发育的速度，他们在心理上还处于缺乏自控能力的阶段，但第二性征已经出现，使他们对异性产生兴趣、好奇，想多加了解异性。因此，他们对异性就会注意观察，同时也注意自己的言行举止，想给异性留下好印象。正是这样的懵懂期，刺激了他们更多地关注异性。

（二）交往的目的

由于社会、家庭等因素以及自身身心发展的不同，小学高年级的男生女生与异性交往的目的会有所不同。

1. 男生的角度

社会的定位、上千年习俗的约定使男生从小就懂得男人应该是具有男子汉气概的，认为男生就应该保护女生，所以他们就会想办法接近女生、保护女生，以显示自己的男子汉气概，显示自己的能力。其中包含虚荣、炫耀和满足的成分在里面。

2. 女生的角度

同样，女生从小接受的教育或公众的特定性格指向应该是内敛的、文静的，甚至是腼腆害羞的。处于青春期初期的女生们，就用这样的模式来规范自己。她们就显得需要有人来帮助自己，给自己更多的温暖与关怀。小女生都向往浪漫，如同书中写的那样，男生对女生怎么怎么好，为了她愿意做什么什么的，一切都那样甜蜜，也想尝试一下这样的感觉。

（三）交往的方式

现在是信息时代，小学高年级学生交往的方式也在信息化、成人化。在教育实践中，我了解了一些他们的交往方式：

（1）传纸条。在前后桌或者同桌之间，会经常传纸条沟通信息，传达感情。

（2）发短信。在小学高年级，已经有部分学生拥有属于自己的移动电话，可以使用自己的电话联络同学，交流感情。

（3）网络。信息时代，家里基本上都会配置电脑，他们就会通过 QQ、邮件或其他聊天工具进行交流。

（4）逛街或游玩。周末，他们会相约出去，一起逛街、过生日、同学聚会、买书或到附近公园游玩。

二、小学高年级男女生交往的引导方式

面对小学高年级阶段日渐频繁的男女生交往问题，教师必须重视并对学生进行很好的引导。任其发展，很可能使之走入歧途。究竟如何来引导呢？这需要家庭与学校一起配合，更离不开班主任老师的爱心、耐心和细心的教育与陪伴。

（一）细心观察，温情教育

作为班主任，要细心观察每一名学生，一旦发现班级里的学生表现出了过度亲密的行为要及早进行教育，不必小题大做，但也不可任其发展。由于小学生年龄小，对于这些问题他们根本就不懂，教师要对他们进行温情教育，给他们讲一些简单的感情方面的问题，说一些对他们身心健康不利的道理，切不可粗暴对待，简单了事。这些学生思维更敏捷，容易情绪波动，产生极端行为。因此，对他们更要倾注十倍的爱心。

（二）集体引导

对学生进行集体的引导，需要学校的努力，可以以班级、小组等为单位进行引导。

（1）开展青春期知识讲座。在小学高年级中，开展介绍青春期知识的讲座，有利于学生了解自己的生理发育状况和青春期心理健康知识。请专门的教

师来讲座能够科学、专业、系统地给他们讲解青春期的知识，更容易让他们了解并掌握。

（2）召开青春期教育的主题班会。在主题班会中，可以拟一个话题让同学们以小组为单位进行讨论。如以"男女生该如何交往?"为讨论话题，在小组中进行讨论，不但可以锻炼团队合作能力，也使他们能正确看待这一问题。班会课中还可以开展一些男女生合作完成的游戏，不但体现出合作精神，而且还可以增进同学间的友情。

（3）观看有关生理健康的宣传片。组织高年级学生观看有关生理健康的科教片，生动形象、科学准确的解说，能传达给学生更多的健康信息，让他们了解男女生的差异，并能正确对待男女生关系的发展。

（三）个别引导

集体引导，是对小学高年级学生进行整体的教育。个别引导，是对小学高年级男女生交往特征做个体案例的教育，比较有针对性。个别引导，需要学校与家庭共同努力配合，及时沟通并设计一个正确引导孩子的方法。

如何正确引导小学高年级阶段学生之间的异性交往，这是一个新的课题，也是目前小学高年级教育中存在的敏感问题。班主任应该加以正确地疏导，让他们正视与异性的交往，正确健康地与异性的交往，摆正自己的位置，给自己创造一个健康快乐的童年。青春期的学生正值人生中的花样年华，就让我们每一位教师珍视孩子们短暂而难忘的这段时光，正确引导，爱在学生的花开之时!

培养小学生良好心理
正确与异性交往

北京市羊坊店中心小学　　费俊英

时间的隧道已经进入 21 世纪了，这是一个信息极其发达的时代，人们足不出户就可以了解到外面精彩世界发生的事情。由于这样的原因，当今大部分的小孩子年纪轻轻就懂得了很多超越他们年龄认知阶段的事情，变得很"成熟"，往往会作出一些令成年人意想不到的事情。如果这时缺乏及时的引导，就会使他们的身心健康受损，影响了他们的健康成长。下面就我如何引导学生正确与异性交往，培养学生健康心理的教育方法谈谈个人的一些体会。

一、加强心理健康理论的学习，做好学生心理教育的导航者

融洽的人际关系既是心理健康的一种表现，也是心理健康的催化剂。正因为如此，教育学生友好相处，正确与同性、异性交往，发展他们良好的人际关系，从而形成协调的人际关系乃是心理健康教育的一个重要方面。美国心理学家罗伯特·凯利和珍妮特·卡普兰在贝尔试验室进行的一项研究结果也表明，良好的人际关系对人的成就有重要的影响。"人际"就是人与人之间，"关系"意味着通过相互交往、相互影响所形成的比较固定的联系。人际关系一般包含三种心理成分：一是认识成分，二是情感成分，三是动作成分。人际关系的形成与发展主要受后天环境及教育的影响，如遗传因素、家庭因素、学校及其教育、社会环境与社会风气的影响。小学阶段，儿童除了需要安全感外，还需要得到别人的爱、认可和尊重。这些只有在与人交往时才能获得。但是，在交往过程中，个体的需要如果得不到满足，就可能会出现烦恼、痛苦，如果这时再受到社会上不良风气的影响，就很容易走上歪路。研究表明，父母离异或再婚对儿童的性格及人际交往有重要的负面影响，与正常家庭儿童相比，离异家庭

或不完整家庭儿童在人际交往中更不易相信别人，更容易封闭自己。

二、从辅导和教育过程中引发的几点思考

（一）不能把学生的心理问题当作品德问题来看待

生存与发展是当今世界性的教育主题，而生存和发展有赖于优良的素质。人的素质结构由生理素质、心理素质和社会文化素质等构成，没有健康的心理，很难提高学生的综合素质。但在班主任工作中，我们往往专注于学生学习成绩的高低、品德的优劣，而忽略了对学生全面素质的培养，尤其很少注意到对学生的心理健康教育，甚至把心理问题当作品德问题来看待，用解决思想问题的方法来解决心理问题。这样做，将使班主任工作的实际效果大打折扣，也不能培养学生健康和积极的学习与生活态度。要提高德育的实效性，必须要注入心理健康教育的新鲜内容。

【案例】 小聪，十岁，单亲家庭，三岁起就和爸爸一起生活。由于爸爸忙于生意，经常出差，他平时就和比他大六岁的哥哥为伴。因此，小聪的思想比同龄的孩子成熟，自我保护的意识比同龄的孩子强。他与陌生人相处时比较孤僻，不轻易敞开心扉。在学校，他以自我为中心，经常违反各项制度，如说笑影响同宿舍的同学睡觉等。老师找他谈心，他一副不屑一顾的样子，而且不会轻易开口说出原因。如果有同学不小心碰到他，他必定"以拳相对"。他学习成绩优秀，自信心十足，总觉得自己是行的。但课堂纪律散漫，不是画画就是玩东西，更严重的还在地上打滚或骚扰其他同学上课。老师、同学都"谈聪色变"。升入五年级后，小聪对班上一名各方面表现比较出色的女孩子很有好感，多次通过递小纸条、画画、用绳子编成戒指送给那个女同学等形式表达对女孩子的"爱意"。

原因及其分析：我发现小聪从小父母离异，虽然爸爸对他很好，而且是那种很民主的父子关系。但他平时每月只能与妈妈见一次面，心里面仍然很挂念他的妈妈。不过随着时间的推移，对妈妈也渐渐没什么感觉了，但对母爱的渴望却还是很强烈的。而且由于爸爸工作忙，每周多由姑妈接送。因此心里感觉自己比班上的同学少了许多爱，没有其他同学那么幸福，平时表现得沉默少言，不轻易言语。但小聪心里也是很渴望能得到他人多一点的关爱，所以在纪律上经常会有意识地违反纪律以吸引老师、同学的注意。班上有一名女生，在

学习、纪律等方面都是比较出众的，很多男、女同学课间都喜欢和她说笑、玩耍。小聪也对那位女生产生了好感，而且由于现在的宣传媒体过多地播放一些情爱内容的东西，使他错以为这就是爱。为了表达自己的"爱"，他就多次写一些纸条，上面写上自己"爱的宣言"；还在美术作品上以画画的形式表达他对这位女同学的"爱"。有一次我发给全班同学一些奖品，他甚至把自己的那一份也给了那位女同学，那个女同学不要，再把奖品送给了另一个女同学时，他就对其他同学发脾气，回到宿舍后还把怒气发泄在舍友身上。因此，同学们都怕他，不愿意和他玩，怕他又发脾气。这是一种渴望爱又不能得到爱时，心理不平衡的表现。我认识到这时候家长和老师不闻不问，或批评责骂，不仅不会消除这种不健康的心理，反而会增强这种心理。长此下去，其认识就越片面，心理的闭锁就越强，最终将导致对任何人都以冷漠的眼光看待，更加孤立自己。

如何帮助这样的学生呢？作为班主任我做了很详细的心理教育计划。

第一步：加强与其家庭的联系，建议父母给予更多关爱，使他摆脱心理困境。

我把小聪在校的情况告知其爸爸，并建议他无论工作多忙，周五也尽量抽时间来学校接孩子，周六、周日和他多聊天、多陪他玩。除了关心学习上的情况外，还要多注意并及时解除心理上出现的问题。尽可能让小聪能多与妈妈见面，母子之间多沟通，多外出活动，让他感受多点母爱，从而摆脱心理上的不平衡，不要因父母离异而影响了孩子的成长。家长听了老师的意见后，努力地把原来做得不够的地方做好。由于家庭与学校的共同努力，使孩子在心理上发生了微妙的变化。

第二步：在师生间、同学间架起爱的桥梁，使他感受到来自集体的温暖，恢复心理平衡。

开始时，老师和他谈话，他总是不开口，一问三不答。我知道这是防御心理的表现，其实他内心还是渴望得到别人的同情和关心的，他需要被爱的感觉。我不急也不躁，以极大的耐心和热情与他谈心，利用很多可利用的时间和他谈家里有趣的事、谈学习、谈纪律、谈学校出现的一些事情，回答他的一些疑问等。我主动与他接近，拉近心理距离，想用爱的雨露来消除他内心的孤独和抗拒。通过多次交谈，解除他对老师的戒备心理，从中也感受到老师对他的爱，使他产生信任老师的情感。

此外，我还发动班干部也主动和他玩要，和他做朋友，在宿舍多帮助他，想利用集体的温暖感化他。开始，有部分班干部看不惯他平时的言行，表现出不愿意的情绪。在我的多次沟通下，他们才改变了态度，主动去接近他，在学习和生活上互相帮助，并且发动其他同学和他做朋友、一起玩……慢慢地，小聪的表情没有那么呆板了，渐渐地露出了一丝向往。但我并不满足于此，一直寻找让他重新振作的契机。我发现这个孩子虽然纪律性不强，但学习自觉性很高，作业从不用老师督促，反应也挺快的。有一次，在数学课上，有一道很难的思考题，没有学生想出来，只有他一个人把解题的思路想出来了。我就在班上大力表扬他，在同学中树立他的威信。此后，他对思考题更积极研究了。后来还在学校的"数学大王"比赛中获得了二等奖。每次遇到他在学习、纪律上有突破的地方，我就及时地夸奖他，让其体验成功的喜悦和荣誉，增加良性刺激，使他摆脱自闭心理，激发起自信心和上进心。每当他不能控制自己，又违反纪律时，我就单独和他分析原因，鼓励他下次改正，并且相信他能越做越好。心灵的交往，热情的鼓励，温暖着他那颗渴望被爱的心，使他能在班集体中和同学们一起以愉快的心态面对学习、生活，还连续两个学期获得"学习优异成绩奖"。他和家人别提有多高兴了，家长都说是因为选对了我们学校，感谢老师的教育。

第三步：组织主题班会，分清什么才是"真爱"，正确指导学生与异性间的交往。

由于小聪对班上的一名女生产生好感，从而引发班上同学之间的不团结，为此，我在班上组织了一次"我们身边充满爱"的主题班会。在班会上，我通过讲解、小品、讨论分析等形式让学生知道我们身边有很多种爱，有亲人对自己的爱、老师对他们的爱、同学之间的友爱……而他们现在是小学生，是学习知识的时候，男女同学之间的好感只是友谊，是对他（她）学习或纪律等方面出色的表现的一种欣赏，是属于同学之间正常的友谊，而不要错以为这就是"爱情"。"爱情"是成年人的事，不是我们该想、该做的事，我们现在的主要任务是把学习搞好。我们对异性产生好感怎么办？可以在各个方面以他（她）为榜样，相互比赛，促使自己不断进步。而不要"死缠烂打"，弄得别人都不愿意和自己交朋友了，自己又不好受。友谊是多元的，一个学生可以有若干个朋友——挚友、好友、普通朋友、一般同学。在众多朋友中间，可以学到很多好的品质，培养自己豁达开朗的性格和坚毅刚强的意志，这种异性间的交往对每一个学生都有积极的作用：有利于相互学习，取长补短；有利于互相激励，提高效率；有利于情感交流，丰富个性发展。相反，若是交往的对象仅限于异性，长期单一交往，对自己并没有积极作用，只会阻碍了自己交友，影响了心理的健康。最后，我还建议同学们在家里看电视时，要有所选择，不适合自己年龄的电视剧、影碟不看，而该多看有益的电视和书籍，增长知识。

主题班会后，我还单独找了小聪谈心，把他在与异性交往过程中存在的问题及出现的后果和他详细地分析，并举一些生活中的例子去教育他。这样，他就更进一步认识到自己的做法是不对的，知道其实这也并不是"爱"，只是觉得她优秀，喜欢她而已，并决心以后再也不会作出那样的行为了。

通过一个多学期的教育、引导，现在的小聪已经学会了正确与同学交往了。平时与同学之间懂得互相帮助，课间男女同学一起有说有笑的。同学们对他的态度也十分友好。在问及如何看待学习、纪律好的异性时，他坦然说："我并没有喜欢哪一个女同学，我只是看到谁学习、纪律好，我就心里暗暗地下决心要向她学习，并努力超越她。只要我努力，肯定能行的，只是我怕自己有时又会做不到那么好而已！"听了他的话，我的心里何等高兴啊！我告诉他：只要努力，他肯定会非常棒的。在教育孩子的过程中，我们不能把学生的心理问题当作品德问题来看待。

（二）要以对学生终身发展高度负责的精神来重视心理健康教育

在社会发展日趋多元化的今天，人们受到各种各样的心理问题困扰。学生的许多心理冲突，或被自我掩盖，或被成人忽视，以致不少孩子感到难以获得理解，觉得孤立无助，只好压抑于心灵深处，备受煎熬，任其折磨自己，甚至诱发各种心理障碍乃至心理疾病。现实的严峻性，我们不能等闲视之。

让我们共同关心孩子的心理健康，让我们的孩子除了学会学习，还要学会生存、学会与他人交往……让他们每一天都在愉快中健康成长，这就是我们教育工作者及其家长的最大愿望。

让美丽青春伴孩子成长

——小学高年级异性健康交往的实践与思考

北京市羊坊店中心小学 韩 冰

青春期是孩子生命曲线的重要高峰期，随着生理的急速发育、社会的日新月异、网络的广泛普及和信息的铺天盖地，懵懵懂懂的青少年对自己生理变化充满了困惑，对异性充满了好奇，如何正确引导男女同学健康愉快地交往，早已摆上了我们的工作日程，现将我在这方面的尝试与思考同各位教育同仁探讨。

一、案例

案例一

随着下课铃声的响起，五（5）班的同学正埋头收拾书包准备下课，"啪"的一声响，没等大家弄明白怎么回事，只见两个男孩扭打在一起，直到一个被打倒在地，才被拉开。到了办公室查问，率先动手的男生则振振有词道："他一直在看她，天天看，天天看，上个星期也这样！"细问之下才知道，他嘴里的"她"，是他喜欢的一个女生，还是个成绩优异的班干部！

——爱美之心人皆有之，可是，居然喜欢到了别人连看都不许看的地步，这就不正常了。

案例二

连续几天，一到下课时间就有学生三五成群到五年级一个班级门口，原来是听说这个班刚插班来的一个女生天生丽质，楚楚动人。接下来就是这位女生收到许多的所谓"情书"，同时女生的家长反映受到骚扰，家里电话一到晚上就响个不停。可是，接起电话却没有人说话。

——我喜欢的，就要无时无刻地知道她在干什么！多么可怕的"喜欢"呀！

二、剖析

一项关于《中国社会变革时期的青春期教育》的大型调查结果显示，目前的青少年生理发育较 10 年前提前了近 1 岁。追究其原因主要是受到社会环境变化、饮食结构调整、疾病谱改变等多种因素影响。而青春期是由儿童少年时期过渡到成人的一个迅速发展的阶段。青春前期也可称为青春期初期或生长加速期，女孩一般在 9 ~ 12 岁，男孩一般在 11 ~ 13 岁。而这个年龄段正好是小学五、六年级，可见，在小学高年级开展青春期健康教育势在必行，对于这些心理成熟度远远没有跟上生理发展的小学生来说，小学阶段的青春期健康教育的重点应该是正确认识自我和异性以及与异性之间健康交往，解决青春期遇到的各种困惑。

三、措施

为了引导学生正确对待异性同学交往，更好地促进学生青春期阶段的健康成长，我校咨询了我区教研室的心理健康教育工作室的老师们，并及时交流情况，而后从以下几个方面加以引导。

（一）问卷调查——"明明白白我的心"

面向高学段同学采取不记名方式对学生心理健康教育专题调查，调查问卷内容包括：①你对自己与异性同学交往的情况满意吗？②你对异性交往的困惑是什么？③你对本班异性同学交往的情况满意吗？④你认为男、女同学之间怎样交往才是正确的？因为我们的问卷针对学生的现状，又采用匿名的方式，学生没有顾忌，很多我们想要的第一手资料收集得很真实、完整。通过我们统计，80% 的学生都存在不同程度的异性交往困惑。

（二）开设讲座——"冬天里的一把火"

根据学生的情况，我们将讲座分三种类型进行，有面向全体的学生而开设的主题讲座、男生专题讲座和女生专题讲座。

（1）面向全体学生的主题讲座。我们先后聘请了心理健康教育方面的专家当我校的心理健康顾问，并定期给学生召开相关的主题讲座。今年，我们请首都师范大学心理健康教育专家王工斌老师就学生间的交往困惑，开设了题为"认识·交往·成长"的心理健康教育讲座，内容主要有：青春期生理和心理方面的知识等，例如：①和男生（女生）讲话时感到脸红心跳该怎么办？②对自己非常喜欢的男生（女生），很想写信向他（她）表白，交密友，可以吗？③想戏弄异性同学求得开心与刺激，可以吗？如果不行，怎么克服？并与学生进行现场互动，接受学生咨询。我们还邀请了羊坊店派出所的同志就青少年网络犯罪及学会保护自己等方面进行主题讲座，给了学生很好的启发。

（2）针对不同性别的专题讲座。考虑到男、女生各自不同的生理、心理差别，我们开设不同的心理辅导专题讲座，比如"我是小小男子汉""窈窕淑女"等。小学高年级很多女生开始经历一些生理上的微妙变化，她们为此而感到困惑、羞涩，特别是月经来潮，更给她们带来恐惧感，因而情绪不稳影响学习，我们学校为五年级全体女生开设主题为"我是女孩"的讲座，让女生了解自身的生理结构、青春期生理变化及生理保健等方面的知识。教会女生如何避免性伤害，懂得如何正确对待男女同学之间的交往，珍惜自己。其中还穿插了现场质疑解惑，师生互动有序，学生质疑多达五十多人次。

（三）沟通无限——"心会跟爱一起走"

1. 系列主题活动"青春美丽伴我成长"

利用班队课我们着重开展"青春美丽伴我成长"系列主题活动。在这个主题系列活动中，我们时常开展了一些有争议的辩论，如"男女生同桌好不好"；阅读有关心理健康辅导的书籍，开展读书会；通过学生自编自演小品，现场讨论、点评，使全体学生都明白了男、女生健康交往的方式。例如：小品《过密信的烦恼》，通过对小品的讨论，学生明白了过密信的方式属于交往过密型，是十分有害的，须慎重处理，从而懂得了健康友谊型的交往方式才是最恰当的。

2. 心理健康辅导——有的放矢，专题研讨

针对阶段性学生中出现的心理困惑，诸如异性喜欢自己怎么办？异性写信要自己赴约怎么解决？在自己喜欢的异性面前脸红心跳怎么办？等，每两周一次的心理健康辅导课上，我们有的放矢，对学生进行有意识的辅导。通过聘请专家，邀请部分家长和学生进行专项的访谈互动，让学生了解不恰当的男女关系不仅造成成绩下降，还可能使女方怀孕，造成严重后果；播放典型案例的录像，让学生在评点别人中得到启示。例如：观看录像《改过自新，树立正确

的异性交往观》，学生受益匪浅。

3. 个别辅导——因人而异，因情而定

高年级学生自尊心强，特别是个别比较早熟的学生，考虑学生性格特征等原因，在平时我们更多的是通过找学生个别谈心，；通过开设"知心姐姐"信箱，及时倾听他们的心声，为学生排忧解难；也常在日记中与学生对话交流，因人而异，因情而定，尽量做到对学生中出现的问题及时解答，有求必应。

四、效果

四年的实践虽然很短暂，但我们的收获很多。首先，我们明白了家庭社会健康的大环境是学生心理健康的保证，于是我们邀请社会专家开讲座，通过家长会家访等方式加强家校联系，努力营造家庭社会健康的大环境；其次，我们明白了小学高年级的青春期健康教育刻不容缓，对学生在青春期出现的各种问题犹如治水，堵则溃，疏则通，导则顺。我们可喜的看到，多数学生都懂得正确处理男女同学交往，像案例中出现的不正常心理现象已经不复存在了，同时也不再好奇于异性生理特征的不同，对自身出现的一些正常生理现象也不再恐慌，学生间"交往过密"现象明显减少，学生学习积极性较原来有明显提高。家长和社会都给予我们高度的评价。

请听来自学生的心声：

"学校的青春健康教育课解开了我们心中的许多疑惑。"

"我们都知道了青春期来时，会有许多生理变化，我们不再害怕，因为这是很正常的，每个人都要经过这一段日子。"

"我们知道了小孩是怎么来的，也懂得如何保护自己啦！"

"我们还懂得如何正确处理女生和男生之间的关系，把精力放在学习上，为刚起步的人生打好基础。"

"一千个读者有一千个哈姆雷特"，每一个孩子都有其独特的个性，我们深感困惑的是在此孩子身上可行的方案，放在彼孩子身上却可能行不通！

五、启示

心理健康教育一直是小学教育的一个薄弱点，特别是小学阶段青春期心理健康教育更是如此。因此，在小学高年级开展青春期健康教育，是学生健康成长的需要，我们也只有在尊重他们个性发展的基础上加以正确的疏导，才能避免许多青春期出现的问题，使他们顺利渡过这一"狂飙期"的难关。在此，也建议尚未启动青春期健康教育的学校能重视起来，能了解到小学高年级青春期教育的重要性、必要性和紧迫性。

为学生的健康成长保驾护航

——农村小学中高年级性自我保护的实践研究报告

北京市大兴区第三小学　张克环　赵文民

一、研究的提出

我校在准备做这个课题的研究时，就本校中高年级学生性健康教育现状做了简单的调查。我们认为，该调查是城乡结合地区小学生性健康教育的一个缩影，有一定的代表性。调查发现，城乡结合地区小学生性健康教育现状令人担忧，主要表现在以下几个方面。

（一）家长避而不谈

学生家长来源复杂，以外来打工者和农民居多。这些家长缺乏文化知识，每天打工挣钱，与孩子相处的时间很少，几乎没有机会接触到新鲜的事物，因此，他们是受传统观念影响最深的人。中国的传统文化传递给他们的信息就是谈"性"是羞耻的。在给三百多名家长发放的问卷中，只有43%的家长回答了"你是如何答复孩子提出'我从哪里来'"的这个问题。其余57%交白卷的家长通过我们后来调查才了解到，当孩子问起这些问题时，家长就会严厉地指责："老子让你好好学文化，你看你都学些啥呀！滚开！"而在有回答的这些问卷中只有3.4%的人能正确答出胎儿的形成是精子和卵子结合成受精卵，受精卵在母体的子宫中成长这样一个过程。其余76.6%的答复是：你是妈妈生的呗，你是从海边捡来的，你是从垃圾桶里挖出来的，等等。这些回答显然很荒唐和敷衍。而当问及如何教给孩子自我保护的方法时，多数更是无从回答。

（二）老师遮遮掩掩

由于没有专职的心理健康老师，所以在我校班级中，大多数老师都说：

"健康教材上的文字内容寥寥无几，我们上课花几分钟读一遍就行了，然后让孩子们自己看书。"老师在这个问题上采用的教学方法是能自学的绝对不讨论，能讨论的坚决不讲解。这份对孩子的信任是教学其他任何一个科目都没有的。面对真正需要帮助的学生，老师也往往采用"你回家问问爸爸妈妈""你去书店多读些课外书，上网查一下资料就明白了"等语言来搪塞。就这样，老师和家长在面对学生的性健康教育问题上玩起了"躲猫猫"和"踢皮球"的游戏，以至于错失了对孩子及时、正确引导的最佳时机。

（三）孩子们笑而不答

在调查中，我们听了一堂三年级语文课。老师让孩子们用"情"字组词。一个小男孩嘀咕了几句就悄悄地笑起来。他的同桌举手告状："老师，他组的词语是'爱情'！"听到这个词语，班里又有几个学生笑起来。老师问："你们知道什么是'爱情'吗？"话音刚落，更多的孩子偷笑起来……课后，当我们问及孩子们上课为什么会偷笑时，他们都羞涩地笑笑，然后跑开了。城乡结合地区的孩子由于长期不能很好地得到父母的教育和关注，他们往往比城市里的孩子要"早熟"一些。由于没人照管，他们对性的认识往往借助于一些非正常的途径来了解。三年级的孩子听到"爱情"这个词语都会偷笑，那么高年级的孩子又会怎样呢？调查中我们还发现，有些自以为懂的很多的高年级学生，当被问及月经和遗精的相关知识时，他们都不好意思地低下了头；让他们说说生殖器官的卫生保健时，更是没有一人发言，更没有一人敢抬头。从这里我们可以看到，这些对性怀有好奇心的孩子，由于受到父母、老师及身边亲人、朋友的影响，他们将这样的好奇隐藏在心底，而面对这些问题的难为情却写在了脸上。

通过对家长、老师和学生的调查，我们已经深刻地意识到：对城乡结合地区的学生进行性健康教育已经刻不容缓。因为城乡结合地区的孩子有其特殊性，我们借鉴市内或全国个别的成功经验很有可能行不通。所以我们想在一切成为常规，一切顺理成章时，发现老师、家长和孩子们的兴奋点，在摸索中前行，在一次次的实践中观察、分析、修改再前行！力求通过研究，让学生们成为生理和心理都健康的人，成为幸福的人。

二、研究的意义

新世纪初，性这个话题伴随着社会的发展、时代的变迁，似乎显得不再神秘。因为满大街如雨后春笋般冒出的有关性的广告、商品甚至专用商店充斥着我们的眼球，人们匆匆而过，并没有过多的大惊小怪，倒是我们的孩子，常常在放学途中瞪着一双无知却好奇的大眼睛，在校门外那一家家必经的性用品小商店内，或东张西望或喃喃自语地念着门口用五颜六色的笔墨书写的让他们似懂非懂的张牙舞爪的广告。

小学生的性健康教育其意义及必要性已得到社会各界的公认和肯定并已逐步开展普及。随着生活环境、家庭条件的改善孩子的生长发育呈长期加速趋势，而小学中高年级学习阶段是青少年身体、心理、性发育从幼稚转向成熟的重要阶段。

本课题的研究对象是农村小学3～6年级学生。对于农村学校中高年级学生进行性保护教育是对当前农村学校青少年成长的特点及其生存环境提出的迫切要求。但农村青少年的性教育在事实上的严重缺失，直接影响着青少年自身的健康成长和农村人民生活工作的安定乃至国家的繁荣稳定。为此，对农村学校青少年进行性保护教育应该是从转变观念入手、多渠道、多形式的普及性教育。

尽管农村人口与城市人口在性方面并没有本质的区别，但是，各种原因却导致农村青少年仍然处于性知识和性教育的边缘，没有充分地分享性文化发展所带来的巨大收益。

我校地处城乡结合地区，大部分生源来自农村及外来务工家庭。由于大部分家长文化基础偏低，自身权益难以保障，缺乏接受文明教育的精力，家长性健康知识缺乏，又没有意识、更没有时间对子女进行相关教育，因此，农村小学性保护教育成为性健康教育的一块空白。为此，在校长带领下，我校一群有志于关心青少年健康发展的中青年教师积极就"农村小学中高年级学生性保护的问题"开展研究与探索。

本课题研究的目的不仅能够使学生了解有关性健康知识，同时交给学生自我保护的方法，提高自我保护的意识，使学生能够健康成长。

三、研究的理论依据

世界各国都十分重视对青少年的性健康教育。美国对学校是否应该给学生进行性教育大体有两种观点，一种是"安全性行为"的教育准则，一种是性和品德教育准则，目前比较多的人倾向于后一种观点。在日本，性教育经历了纯洁教育、性教育、性指导三个阶段。在瑞典的性教育中，伦理教育占据很重要的地位。英国则规定学校进行性教育的目的是为了加强学生的道德教育，不搞同性恋，降低艾滋病的发病率。国外的性教育形式多样，不同国家对如何在特定人群中开展或以何种方式实施性健康教育仍存在很大的争议。

历史证明，我国是世界上最早进行性方面教育的国家。尽管我国青少年性教育历史由来已久，但由于长期受"男女授受不亲"等封建思想的影响，性健康知识的传播受到了极大的限制，也逐渐形成了谈性色变，把性视为淫邪、下流、有伤风化、见不得光的观念。由于历史和文化的原因，性教育在我国一直未受到应有的重视。20世纪70年代后期才打破性教育的禁区。可以说，在中国这个深受儒家文化影响的社会，即使到了21世纪，性话题依然敏感。

1992年9月，卫生部和国家教委共同印发的《中小学健康教育基本要求（试行）》中，将青春期教育概括为性生理、性心理、性道德教育三个方面。"十一五"期间，由北京市性健康教育学会主持起草的《北京市中小学生性健康教育大纲（讨论稿）》目前正处于实践评价阶段，我们以此大纲为基准，开展此项课题研究，旨在进一步验证大纲的实施意义，同时为小学开展性保护教育进行研究打下坚实的理论基础。

四、研究的目标和内容

（一）目标

以本课题为抓手，通过本课题的研究，能够得出农村小学中高年级学生性保护的方法，因而证明我校开展此项研究是必要的、科学的和可行的；综合校内外各方力量，整合资源，开展小学中高年级学生性保护教育研究，探索出系统的、可操作的教育模式。

（二）内容

（1）开展性保护教育班会：充分利用班会，结合班级学生特点开展性自我保护教育。

（2）课堂教学中的性保护教育：利用学科特点对学生开展性保护教育。

（3）校园文化中的性保护教育：利用校园文化（尤其是班级文化）建设开展性保护教育。

（4）开展多种形式、多个层面的性健康教育知识讲座：由学校统一规划，将性保护教育列入教育教学计划，利用校内外各种资源对学生开展性保护教育。

（5）做好老师、家长的培训工作：学校帮助老师和家长建立正确的学生性保护教育观念，形成教育合力。

（6）做好性健康心理咨询和辅导工作：学校心理教师主持开展群体、个体等方面的咨询辅导工作；同时负责搜集整理相关案例。

（7）开展深入细致的调查研究，形成阶段报告，并为探索系统的学校性保护教育模式提供参考。

（8）个案指导：通过心理咨询等活动，开展个案辅导。

五、研究的方法和对象

（一）研究方法

（1）调查法：通过对学生、家长及老师进行问卷调查、访问调查等，了解学校中高年级学生性保护认知现状，分析情况，认真研究，得出结论，寻找解决办法。

（2）行动研究法：通过制订计划、实施行动、考察思考、反思总结等步骤，进行实践与研究。

（3）访谈法：通过对部分学生及家长面对面地交谈来了解他们的心理和行为，为有效开展研究提供支持。

（二）研究对象

本课题以学校 3～6 年级学生为研究对象，以班级德育、学科渗透、家庭教育、校园文化、心理健康教育多线并举的方式统筹安排，开展课题研究。

六、研究过程

（一）第一阶段——准备阶段

2012 年 3～4 月，组织课题组成员认真研读大纲，根据成员研究专长制定研究内容。

1. 理论学习，了解大纲

我校十分重视课题组成员的理论学习，从选题、申报、立项的积极准备，到立项后的深入学习，我们始终以《北京市中小学性健康教育大纲（讨论稿）》为理论依据，课题组成员针对不同的学段进行学习，每周撰写学习笔记。我们的定期集体交流会更为大家搭建了一个学习、展示的平台，促进了课题组老师对课题研究以及我校专项课题的深入认识。

2. 外出参观，增长见识

从 2009 年 10 月北京市通州区培智学校的性健康课题研讨——说课比赛，到 2010 年的北京市中小学性教育模式初建课题研修班，以及 2010 年 8 月深圳福田区园岭搭建同行们对性健康教育方法和理念的交流平台，促进国内同行对国际国内性健康教育进展的了解。再到云南第五届全国学校性健康教育学术研讨及国际论坛会议，我校先后组织课题组老师进行外出学习、参观 30 余人次。

（二）第二阶段——实践研究阶段

从 2012 年 5 月至 2013 年 10 月，学科教师、班主任、心理教师等课题组成员根据研究计划开展实践研究，及时搜集整理各种课例、案例等资料。

德育室负责监督整理课题成员阶段研究成果，根据课题进展随时纠正调整课题内容，指导课题组成员顺畅、有效地开展课题研究。

利用家、校及社会资源开展针对学生、老师及家长的讲座，由德育室搜集整理反馈意见。

利用校内网站宣传课题研究成果，并以此为平台开展互动研究。

1. 专家讲座，及时充电

在课题研究的道路上，我们不但秉承"走出去"的理念，更坚信要"请进来"这一观点，以使得更多的老师有与专家面对面交流的机会。2011 年 6 月 8 日，我校特邀到首都师范大学心理学专业田书义教授为我们进行"性法制及青少年的性保护"专题讲座。同年 7 月，我们承办的课题交流活动暨说课比赛大兴分赛区的赛事，也特邀请到了首都师范大学杨培禾教授和张玫玫教授，以及北京市性健康教育专家吕卫红老师为我们做专家点评。我们还多次邀请大兴区进修学校德育办公室董义芹主任，以及冯老师和韩景贵老师参与我们的课题例会与总结活动。

2. 精彩课堂，参与实践

我们认为真正有实效性的课题研究永远是来源于课堂教学的，我们的课题组老师坚持做到把理论学习与课堂教学紧密地结合在一起，紧紧围绕着我们的课题做着坚实的工作。班主任老师利用班队会时间进行教育，科任老师则采用着学科渗透的方法，起到了润物细无声的效果，相信孩子们是最大的受益者，愿他们健康快乐地成长。

张存秀老师的"保护这里，靠自己"一课，授课对象是高年级男生。不少学生课后纷纷表示：知道了如何保护自己的生殖器不受伤害，如何进行卫生保健，如何预防性侵犯等。李桃老师的"狼来了，我不怕"是针对我校高年级女生的性健康教育活动课。课后，孩子们深受启发和教育，除了了解到一些生理知识，更重要的是掌握了自护的方法。我们的家长怀着感激的心情，对老师说："太感谢您了，替我们补上了我们难以启齿的重要一课！"。李迎杰老师的"我们的好朋友"是针对高年级女生的课堂，主要是进行生理保健以及自护的教育。孩子们觉得受益匪浅。宋得蕊老师的"小背心和小裤衩"非常贴近我校学生实际，是结合中段女生有不少孩子不懂得保健和自护而设计的课程，授课效果也很明显。佟佳老师的"身体红绿灯"授课对象是中段学生，课堂上，孩子们听得认真，回答踊跃，课后，他们在活动中，男女生交往融洽，从而也能正确保护自己的隐私部位。

3. 说课大赛，紧张激烈

2011年6月21日，总课题组决定由我校承办课题交流活动暨说课比赛大兴分赛区的赛事。

赛前，我校参与说课的教师，认真备课，集体研讨，特请大兴进修学校德研室韩景贵老师和大兴五中李月芝老师来校指导。从下午3:30到晚上8:30，两位专家始终没有离开座位，他们认真聆听每位老师的说课展示，边听边记笔记，继而进行客观实在地点评，两位专家不吝赐教，对教师们的努力给予充分肯定，同时也客观地指出不足，使教师受益匪浅，对我们在说课大赛上取得好成绩起到了至关重要的作用。

教师们也不负众望，大家努力拼搏，互相鼓舞，互相支持，充分发挥了团队协同作战的精神，使得我们在说课大赛中取得了非常喜人的成绩，我校包揽了本赛区的一、二等奖，受到与会专家及教委领导的高度赞誉。

4. 总结回顾，积累反思

2011年暑期，我校课题组成员再接再厉，召开课题阶段总结会。大家回顾了前一段时间所做的工作，一致认为，通过参与课题研究，不仅丰富着自己的科学知识，也提高了教师的专业水平，重要的是形成了一支高素质、敢拼搏、讲奉献、讲团结的研修团队，这个团队的精神辐射到了我校教育教学其他工作领域。我们还特地请来了我们课题的指导专家——德育研究室主任董义芹老师和韩景贵老师。会上，各位专家领导对我们课题研究所取得的成绩给予了充分肯定，对今后的工作指出努力方向，教师们畅所欲言，对今后如何更好地开展研究充满信心。同时，就张存秀老师即将在全国性健康教育大会作现场展示给予了非常明确的指导。

5. 圆山会议，精彩展示

2011 年 8 月 16 日，性健康教育国际论坛大会在圆山大酒店召开。时值我校张存秀的公爹病危，她能否按时参会也未可知。但是，张存秀同志抓紧一切时间，精心做着准备。还好，老人家也在支持她的工作，一直与病魔作斗争，坚持到了 8 月 16 日。当天早晨，张老师的爱人亲自驾车，提前把她送到圆山大酒店，并陪同她参与说课。张存秀老师不负众望，代表北京市在大会上进行了说课展示，她的观点以及教法引起与会者的关注，得到国内性健康教育知名专家闵乐夫教授的高度评价。张老师对工作认真负责的态度也非常令人感动。

6. 迎检动员，摩拳擦掌

2011 年 11 月，北京市中小学性教育学会将对课题校课题研究工作进行阶段检查。我校课题组召开迎检动员会。在会上，负责人赵文民校长组织大家认真学习迎检相关材料，布置迎检工作。课题组老师也争先发言，勇于承担任务，最终决定大家一起备课，由李桃老师作为代表做汇报展示。经过大家的共同努力，此次阶段性检查，我们的课题研究阶段成果受到各位专家的高度评价。马老师听了李桃的课后兴奋地说："大兴四小的老师太有才了，推出一节就成功一节！"马老师的话，令我们的团队成员十分振奋。

（三）第三阶段——结题阶段

2013 年 11 ~ 12 月，课题组成员齐心协力，编辑相关课例、案例、论文等资料；制定符合农村学校中高年级学生性保护教育模式的操作方案，撰写结题报告。

七、研究的主要成果

在实践中，我校按研究计划，根据开展性健康教育的原则，有目的、有重点地进行了研究，有效地探索出了小学中高年级学生性自我保护的一般途径，在进行性健康教育的同时能有效促进学生养成良好的个性品质，形成健全的人格，为他们的终身发展打下坚实的基础，同时，我们的研究老师也收获颇多。

（一）理论成果

1. 加深了对性健康教育意义的理解，归纳出我校性健康教育的目标

（1）帮助学生知道并掌握简单的性健康知识以及自我保护的方法。

（2）指导学生通过探索，寻求生活的意义，形成正确的人生观、价值观、道德观，促进孩子生理与心理的和谐发展。

（3）帮助家长克服对教育孩子过程中的畏难情绪和懒惰思想，真正为自己孩子的健康成长保驾护航。

2. 通过研究归纳出适宜农村地区小学生性健康教育的原则

（1）科学、适度、适当的原则。性健康教育必须抓紧时机，遵循孩子身心发展顺序，既不超越，也不延缓，教师必须以科学的态度和方法传递给学生科学的知识或信息、教学内容和方式要适合学生心理。

（2）从实际出发的原则。教师不能教条地让学生按自己说的去做什么或不做什么。"性"本身就是一种本能，它在每个阶段有不同的表现。教师应该根据学生不同阶段的需求正确地帮助和引导孩子，消除他们心中的困惑。

（3）寓教于乐的原则。学生不喜欢老师单纯地进行性知识讲解，我们则运用现实生活中的实例、童话故事、儿歌等多种形式，让学生了解人的最基础的性特征，了解男女之分，了解自己成长中的变化，知道自己哪些地方是"隐私"，提高警惕意识，学会保护自己，养成卫生好习惯。这样的教育既没有触及孩子的敏感神经，也让他们学得快乐和轻松。

3. 根据小学生的心理特点结合教育内容总结出性健康教育的一些方法

（1）直观教学法：在课堂教学中，根据各学段学生身心特点利用直观教具进行教学，如卡通图片、玩具、幻灯、音像资料等，使教学内容变得生动形象，易于理解和接受。

（2）讨论法：教学中鼓励学生与学生、学生与老师合作学习，平等交流，通过讨论、对话等形式，老师既能了解学生的思想状况，同时又让学生学会倾听、思考、分享和判断。

（3）谈话法：对待一些情况特殊的学生，他们内心很灰暗，不希望向别人敞开心扉，教师选择合适的时间和地点与学生民主、平等的谈话能够更清楚地了解学生的状况，能够更容易走进孩子的内心。

（二）其他方面成果

1. 家长正确面对

听了相秀丽老师的专题课"我从哪里来"，好多孩子和家长都热泪盈眶。因为从那时起孩子们才知道自己的生命历程，才了解妈妈怀胎十月的艰辛，才体会到亲情的其乐融融。家长们说："对于'性'这个话题，我们应该正确面对，与其让儿女那么好奇，不如把科学的知识告诉他们。"

2. 教师们大胆授课

研究过程中，校领导全力支持，各科教师积极配合，我们的主参研教师更是一马当先，大胆地用科学而又适合各年龄段特点的话语为学生讲解，帮助他们消除心中的疑虑。考虑到教育的对象是小学生，所以教师们还特意把一些生殖器官的图片用卡通画的形式展现出来。让孩子们觉得以前最羞于启齿的话题居然可以在课堂上学到，而且充满了无穷的乐趣。无论在专题还是渗透的课堂里，教师们面对孩子的各种质疑，不再遮掩，而是让他们通过游戏或是讨论等形式，大胆地发表自己的看法。对正确的意见给予肯定，对有异议的观点给予科学的引导。教师们都说："把性健康教育与学科教学相结合，与德育相联系，能让我们克服很多心理障碍，在教育学生的同时，自身也学到了很多以前想去了解又羞于了解的知识。而且我们更有兴趣在以后每堂课的教学中去挖掘能进行性健康教育的切入点，让孩子们接受得自然，理解得透彻。"教师们在学习和实践中逐渐成长，他们运用所学理论知识，采用轻松、自然、平等的方式用科学的方法开展性健康教育，与学生坦诚交流。教师在教育实践中收集到很多案例并积累了一定的经验，且理论水平和科研水平都在实践中得到提高。

3. 孩子们的笑不再诡秘和羞涩

我们的性健康教育活动课和渗透课，悄悄地潜入孩子们的内心深处，达到了润物细无声的目的。中段学生能准确说出自己身体每一个部位的名称，看到生殖器官的图片也不会诡秘地笑，而且好朋友之间还相互提醒要注意个人卫生；高段的学生相处都很融洽，不再四目相对后，脸羞得通红，男女生之间，无论说话还是游戏，再没有任何闲言碎语，大家阳光地交往，互帮互助，善待他人。在给六年级学生进行的"女生那点事"青春期性健康教育讲座中，我们发现孩子真的很有思想和创意，而且两年的课题研究让他们很受益，他们能够打破对性话题的禁忌，在课堂上健康、阳光地与老师分享。学生大胆地表达自己的内心世界，他们不再羞涩和难为情，他们更加大胆地向往科学的知识。

4. 课题的研究产生了良好的社会效益

我校的性健康教育课题自开展以来，教师们就以最大的热情投入到研究中，因为我们确实是想帮助城乡结合地区的孩子找到幸福。此外，我们也想在其他学校的同行中真正作出点成绩来，让他们对我们这所城乡结合地区的学校刮目相看。事实证明，我们做到了：区教委领导曾多次向兄弟学校推广我校的经验做法，兄弟学校派专人来我校学习。

实验教师的教育科研意识、理论水平和教育教学能力得以提高，促进教师专业化成长。课题组的每一位教师的教育教学能力明显提高，他们已成长为学校的骨干教师。李桃老师被评为区级学科骨干并破格提拔为学校德育干部。佟佳教师被评为大兴区骨干班主任。她和宋得蕊两位老师被大兴区教委德育研究室选送参加北京市名师工程数字课堂录课。二人的录像课已收录在北京数字电视节目中。张存秀、姬艳红两位老师被评为区级骨干教师，何丹赫、曹丽君、索婷婷等被评为校级骨干教师。他们每个人都有多篇论文、教学案例、活动案例、教育故事在各级刊物发表，在各级评选中获奖。

通过实践，教师们深刻认识到，我们的研究非常有意义、有价值，可谓是功在当代，利在千秋。通过课题实践，我们的学生了解了一些相关知识，提高了自我保护意识。不少家长由不理解到逐渐理解再到支持，他们的变化既说明了我们课题研究的价值所在，也更加激发了我们做好研究工作的决心和信心。通过研究，形成了团结拼搏的研修作风，也带动和感染了其他同志，因此，又有六名教师纷纷报名，积极加入课题组，愿意与我们一起开展研究。

5. 课题研究硕果累累

教师参与课题研究的道路可谓是艰难的，但我们却在这条路上取得了喜人的成绩，这份甜蜜远远大于任何艰难。自参与课题以来，我们共收集了教师的论文集、案例集以及说课稿、录像课等成果。

（1）2011 年 7 月，张存秀老师的"保护'这里'靠自己"获得"北京市中小学性健康教育大纲修订与实施"课题小学组说课比赛一等奖；李桃老师的"天黑了，早回家"、佟佳老师的"身体红绿灯"和宋得蕊老师的"小背心小裤衩"获得二等奖；李迎杰老师的"女孩这点'事'"和夏美玲老师的"我的变化静悄悄"获得三等奖。

（2）2011 年 8 月张存秀老师的"保护'这里'靠自己"获得全国一等奖，并参与"北京青少年性健康教育国际论坛会议暨第四届全国学校性健康教育学术研讨交流会"。

（3）2012 年 1 月，赵文民校长和张克环老师共同撰写的《农村小学中高年级学生性自我保护的实践研究》中期报告荣获"北京市中小学性健康教育大纲实践研究"项目中期检查评比二等奖。李桃老师的现场课"'狼'来了我不怕"获得"北京市中小学性健康教育大纲实践研究"项目中期检查评比一等奖。

（4）2012 年 8 月，我校李桃老师代表北京市在全国性健康教育交流大会上做现场说课展示，受到国内外专家的一致好评。

八、研究的反思

（1）本次研究收集各类谈话或心得体会的纸质资料微乎其微，很多时候仅仅与家长、学生或是同行交流，却没有留下"痕迹"，但这却是一笔宝贵的财富，应吸取教训。

（2）本次研究对家长的培训力度还不够，有些家长仍然半推半就地敷衍孩子的性健康教育。我们应更加关注对家长的培训，全面提升家长的素质，更新家长观念，注重家庭教育。

（3）研究过程中与兄弟学校的交流和沟通较欠缺，应积极主动学习和借鉴他校的成功经验，少让自己走弯路。

（4）缺乏参考资料，给备课增加了难度；缺乏性健康教育的教学评估的方法与手段；"参与式教学"在大班教学里操作起来存在困难，影响课堂效果。

（5）性健康教育的课时安排较乱，有时很密集，有时几乎没有，这样学生获取知识效果不佳。

（6）校本性健康教材的编撰尚未取得成功，对学生的性健康教育缺乏系统性和连贯性。

（7）在研究过程中，我们曾经试图在低年级也开展此课题研究，不少教师和家长也曾经建议我们带着他们一起开展。但是，由于我们的水平和精力有限，此项工作一直没有落实，是我们的遗憾。

实施性健康教育工作，为学校新一轮的提升和跨越式发展注入了新的内涵与活力。我们想为这些城乡结合地区的孩子，尤其为贫困弱势家庭的子女搭建温暖的精神家园。虽然在性健康教育的研究过程中我们经历了曲折和艰辛，但带给我们更多的是收获和感动。全体师生的努力让我们找到了符合我校学生、家长和教师需要的并能展现学校特色的性教育方法，实现了性健康教育的突破。而且在这个漫长的过程中我们认识了自己，让自己不断提高和成长，而且我们走进了孩子纯真善良的内心世界，为他们的可持续发展和终身幸福奠定了基础，为他们做一个幸福的人做好了准备。我校希望为每一个孩子都播撒下性健康教育的种子，让幸福之种开出灿烂的花朵，花香四溢，让每一个人真正感受到幸福。

参考文献

[1] 林崇德. 发展心理学. 杭州：浙江教育出版社，2002.

[2] 陈一筠. 青春期人生教育手册. 北京：社会科学文献出版社，1997.

[3] 渠淑坤. 青春期性心理健康与咨询. 北京：中华工商联合出版社，2008.

[4] 田书义. 性教育学. 北京：首都师范大学出版社，1998.